Japanese Firms in Emerging Markets

新興国市場と日本企業

Takamasa Fujioka

藤岡資正 編著

同友館

はじめに

　企業の国際展開という現象自体は，古くからみられ，進出側そして受け入れ側それぞれの国々で経済成長の駆動力としての役割を果たしてきた。近年では，経済のグローバル化にともない，国際的な相互依存の度合いが急激に高まりつつあり，情報技術の発展も相まって国や企業そして人のつながりは地球規模で拡がっている。そのため，今日では限られた一部の大企業のみではなく，多くの企業や個人が何らかの形で海外とのかかわりを有している。

　こうしたなか，我が国は，少子高齢化が進み，多くの産業分野において，国内の市場が縮小している。一方で，アジアの新興国の多くは，新興国に特有の各種問題を孕みながらも，着実に成長を続けており，近年では，拡大を続ける新興国の市場を開拓するためのマーケット探索型（market seeking）のアジア進出が増加している。こうした海外進出の目的の変遷とともに，海外子会社に求められる役割も移り変わりつつある。これまで，製造業にとって迂回輸出の拠点としてアジアを捉えた場合，カギとなる成功要因は，いかにして日本的なモノづくりの在り方や仕組みを海外に「正しく」移植していくのかであった（藤岡 2015）。そこでは，標準化を通じた徹底した効率化による生産性の向上のために，グローバル統合を志向し，ある程度，正解の方程式というものが日本側にある中で，エスノセントリック（本国志向）な形で進出先子会社や事業会社の統制することで，一定の成果をあげてきた。つまり，海外子会社は日本本社の優位性の受け皿として捉えられてきたのである。

iv　　はじめに

　一方で，現地市場の重要性が以前に増して格段に高まり，現地適応の要請が強くなってくると，従来型の日本本社主導の中央集権的階層構造から，各国の現地子会社へと権限委譲を進めた分散型組織構造への移行によって自律性を尊重した経営が求められるようになる。その際には，企業がこれまで蓄積してきた組織能力や技術力など，製品やサービスを生み出すための核となるリソースをどのように新興国の市場において組み替えていくのか，経営理念やビジョンなどの企業の基点となる拠り所をどのように確立・維持・浸透させ，「変えるべきものと変えざるもの」を判断していくのか，「何をして，何をしないのか」という戦略的な問いに向き合わなければならない。

　現状に目を向けると，日本的生産システムの輸出型モデルでアジア展開をしてきた日系製造業の多くは，本社主導による本国主義的な経営志向性に合わせた組織構造や予算管理システムを採用しており，こうした経営管理上の遺産が現地市場への対応の足枷となっていることが多い。日本企業の新興アジア諸国への進出の多くが製造業であったということもあり，製造における専門化のメリットが，市場適応力のメリットを上回っていた。しかし，海外子会社の位置づけは，競争環境のあり方によってシフトしていくものである。つまり，現地市場の魅力と重要性の高まりによって，これまでのような本国からの技術の受け皿としての受容的な役割ではなく，現地化のプロセスにおいて，子会社が自らの役割自体を規定し，自律性を発揮していくという能動的な役割が期待されることになる。このように，本社にとっての現地市場の戦略的重要性の度合いと現地子会社の能力や経営資源との関係を理解したうえで（Bartlet & Ghoshal 1989），海外展開において自社が目指すべき戦略目標を明示し（浅川 2003），それを支えるマネジメント・システムを構築しなくて

はならない。その際には，効率化と柔軟性，統合と分散，管理統制と自律性という，経営管理上のトレードオフをマネジメントしていかなくてはならず，これこそが経営管理者が本来的に行うべき戦略的意思決定なのである。

　周知のように，新興国ビジネスの歴史的発展は，直線的なものではなく，広範な政治的・社会的・経済的環境のもとに形成されてきており，新興国ビジネス研究は，経営学のみならず，社会学，歴史学，経済学，心理学，文化人類学など，多数の領域にまたがる研究分野である。いま現在においても，新興国はダイナミックに変化しており，その研究領域はかつてないほどに拡がりをみせつつある。以前，『欧米諸国が知らない中国（What the West Doesn't Get About China?）』というハーバードビジネスレビュー誌の論考でボストン・コンサルティング・グループのコンサルタントが「現代のアジアは，多くの面で，19世紀後半の英国に類似している。なぜなら，（当時の）英国の経営者は，自国の市場よりもはるかに広大な地理的環境で事業展開をするための戦略を描くことも実行することもできなかったからである。」（Stalk, Jr. & Michael 2011）と，当時の欧米企業へ向けて警笛を鳴らしたことがある。同様に，今日，日系企業の経営幹部はアジア新興国市場において同じ課題に，さらに大きなスケールで直面していると考えることができる。

　こうしたなか，本書では，近年その相対的な重要性を高めつつある新興国市場に焦点を合わせ，なかでも，日本企業の進出数が多く，まさに日本企業の利益の創出拠点としての重要性を高めつつある新興アジア諸国を中心に，研究者と実務家が協力し，経営戦略論，管理会計論，マーケティング論，ファイナンス論，中小企業論などの研究分野から，それ

ぞれの切り口で「新興国ビジネスと日本企業」の関係について論じている。本書の構成は，以下のようになっている。

第1章「新興国におけるブランド構築」（上原渉）では，日系企業の多くは，ブランドの重要性を理解しつつも，それに対して十分に取り組めていない，あるいは十分な成果が上がっていないのではないか，という問題意識に基づき，新興国における日系企業の現状を紹介しながら，新興国市場におけるブランド構築の課題について指摘している。

第2章「タイおよびCLMV市場の金融サービスビジネス」（ジッティマ・トングライ）では，世界中で経済活動の中心的役割を担いつつあるサービス業のなかでも，金融サービスの取引に注目し，カンボジア，ラオス，ミャンマー，ベトナム市場へのゲートウェイとしてタイに焦点を合わせ，大メコン圏市場における金融サービス業の事業機会を検討している。

第3章「タイのセブンイレブンとチャロン・ポカパン・グループの戦略」（藤岡芳郎）では，タイ国・アグリビジネス最大手であるチャロン・ポカパン・グループ（CPグループ）の戦略を現地でのフィールド調査などを通じて紐解くことで，日本企業と現地企業のパートナーシップの在り方や課題について検討をしている。

第4章「ASEANで戦う日本企業の今日的戦略論点」（小川達大）では，アジア，特にASEANが急速に変化を遂げる中で，そこで活動する日本企業の戦略論点が変化していることを指摘し，日本企業の市場進化への対応とアジア全体を視野に入れた域内最適化について検討して

いる。

　第5章「メコンビジネスと日本中小企業」（関智宏）では，中小企業の国際化について，メコン経済圏の可能性をタイ国での事業展開を中心に考察している。そのうえで，近未来へ対応した新たなビジネスモデルが求められるとして，現地の発展への寄与とプラスワンの視点が重要となることを指摘している。

　第6章「日本企業とアジア新興国市場」（藤岡資正）では，成長する新興アジア市場の特徴と日系企業の事業展開の現状と課題をメコン地域とその中心に位置するタイ国に焦点を合わせて整理している。そのうえで，日系企業の事例を取り上げることで「現地化」のプロセスについて検討を加えている。

　日々その複雑さを増しながら進化を続ける新興国市場における事業展開には，たとえ一時的に効力のある処方箋が存在したとしても，一度それらを習得すれば済むわけではない。常に自らの知識を更新し，必要に応じて学習棄却を続けていくことが肝要であり，状況に埋め込まれた学習と理論の現場への応用が両輪となって機能していくことで，未来を担保することができるのである。

　つまり，未来に向けて事業を持続可能なものとするための処方箋は，常に謙虚に学び続けていく姿勢のなかから自ら掴み取るものであり，外から与えられるものではない。本書の内容が，新興国の生々しい現場で次から次へと課題が噴出するなか，日々家族の為，母国の為，現地住民の幸福の為に，学び続ける志を持つ方々の経営にかける様々な想いを形

viii　はじめに

にするための，一助となれば幸いである。

2018年3月吉日

藤岡　資正

【参考文献】

Bartlett, C.A. and Ghoshal, S. (1989) *Managing Across Borders: The Transnational Solution*, Harvard Business School Press.

Stalk, Jr.G. and Michael, D. (2011) "What the West Doesn't Get About China," *Harvard Business Review*, June.

浅川和宏（2003）『グローバル経営入門』日本経済新聞社。

藤岡資正編著（2015）『日本企業のタイ＋ワン戦略──メコン地域での価値共創へ向けて』同友館。

⊙目　次⊙

はじめに（藤岡資正）　*iii*

第1章　新興国におけるブランド構築（上原　渉）……………*1*

Ⅰ　はじめに：新興国の市場環境とブランド構築競争　*2*

Ⅱ　新興国市場理解のためのマーケティング　*8*

　1. 消費者の理解と日本企業　*9*

　2. 競合理解のための2次データの活用　*12*

Ⅲ　ブランド構築のための組織と投資　*15*

　1. 駐在員制度と現地人材活用　*16*

　2. ブランド構築のための組織　*19*

　3. ブランド構築とマーケティング投資　*21*

Ⅳ　結論：「日本」に頼らないブランド構築　*24*

第2章　タイおよびCLMV市場の　　金融サービスビジネス（ジッティマ・トングライ）………*29*

Ⅰ　はじめに　*30*

Ⅱ　GMS市場における金融サービス事業　*33*

Ⅲ　GMS市場における外国銀行のプレゼンスとネットワーク　*46*

　1. GMSにおける外国銀行のプレゼンスと
　　外国銀行ネットワーク　*47*

　2. GMS市場における日本の銀行のプレゼンスと
　　ネットワーク　*49*

3. GMS市場におけるローカル銀行のネットワーク　*54*

　Ⅳ　まとめ　*57*

第3章　タイのセブン−イレブンとチャロン・ポカパン・
　　　　グループの戦略 (藤岡芳郎)･････････････････････････････ *61*

　Ⅰ　はじめに　*62*

　Ⅱ　タイの小売市場　*64*

　Ⅲ　タイ市場のセブン−イレブン　*66*

　　1. ASEAN市場での日系コンビニ・チェーンの現状　*66*

　　2. タイ市場のセブン−イレブン　*68*

　　3. タイの生活者へのインタビュー調査　*70*

　Ⅳ　CPグループ　*73*

　　1. 概要　*73*

　　2. インタビュー調査からわかったCPグループの強み　*75*

　　3. グローバル企業としての戦略　*77*

　Ⅴ　新しい概念化へ向けて　*82*

第4章　ASEANで戦う日本企業の
　　　　今日的戦略論点 (小川達大)･･････････････････････････ *87*

　Ⅰ　はじめに　*88*

　Ⅱ　市場の進化と戦略論点　*90*

　　1. 志向/嗜好の変質と多様化　*90*

　　2. 販売チャネルの進化と多様化　*92*

　　3. 競争の変化への対応　*92*

　　4. 新しい市場機会の獲得　*95*

Ⅲ 経済圏の拡大と戦略論点　*97*

　1. 経済圏の拡大と「出現」　*97*

　2. 経済圏内での統合と最適化―点から面へ―　*100*

　3. リージョナル・バリューチェーン・リノベーションの
　　基本的な枠組み　*102*

Ⅳ おわりに　*105*

第5章　メコンビジネスと日本中小企業
　　　―タイにおける事業展開を中心として―（関　智宏）……*109*

Ⅰ はじめに　*110*

Ⅱ 中小企業によるアジア「進出」の実際　*112*

　1. 日本企業の国際化の概観
　　―海外事業活動基本調査より―　*112*

　2. TDBデータベースに基づく独自把握　*114*

　3. タイでの事業展開　*117*

Ⅲ メコンビジネスの魅力と留意点
　―タイにおける2つの制度転換―　*120*

　1. チャイナプラスワンへの対応とASEANの重要性　*120*

　2. ASEANにおけるタイビジネスの可能性と課題　*125*

Ⅳ 現代中小企業に求められる近未来型ビジネス　*130*

Ⅴ おわりに
　―メコン経済圏における中小企業経営の課題と展望―　*133*

第6章　日本企業とアジア新興国市場（藤岡資正）……… *139*

Ⅰ　はじめに　*140*

Ⅱ　メコン地域をはじめとするアジア新興国市場の台頭　*142*

　　1. 新興国市場の台頭　*142*

　　2. 収益獲得のプラットフォームとしての新興アジア市場　*149*

Ⅲ　アジア新興国市場をとらえる視点　*154*

　　1. 市場調査に関する留意点　*154*

　　2.「現地化」のプロセスで求められること—現地化の中身を詰め
　　　（定義づけ），共有し，コミュニケーションを図る　*169*

Ⅳ　むすびにかえて　*176*

おわりに（藤岡資正）　*183*

第1章

新興国におけるブランド構築

I　はじめに：新興国の市場環境とブランド構築競争

　日本から見ると，東南アジアの新興国における消費のイメージは，偽物のブランド品や安価なコピー商品，低品質の粗悪品といったネガティブなものが多いと思われる。また，スーパーマーケットやコンビニエンスストアのような規格化された生鮮食品やグローバル企業の消費財を扱うモダン流通というよりは，市場（いちば）や露店での対面取引といった伝統的な流通のイメージの方が強いかもしれない。サービス産業についても，日本をはじめとした先進国で提供される高品質で安定したサービスの提供ができる企業や人材は少ないと思われている読者が多いだろう。

　国民一人当たりの所得水準は近年急速に上昇しているとはいえ，先進諸国と比べればまだ低い[1]ため，先進国で消費されているような家電製品やグローバル企業の消費財などが日常的に取引されているイメージが乏しいのであろう。

　ほんの数年前までは，研究者の中でも新興国へのイメージは同様であった。Sheth（2011）はこれまで先進国市場を中心に発展してきたマーケティングの諸理論を新興国市場に適用するさいに，新興国の際立った5つの特徴に注意すべきだと述べている。それは，市場内の異質性（Market Heterogeneity）と，社会・政治環境の不安定（Sociopolitical Governance），ブランド化されていない製品間競争（Unbranded Competition），資源の慢性的な不足（Chronic Shortage of Resources），不十分なインフラ（Inadequate Infrastructure）である。

1）IMF（International Monetary Fund：国際通貨基金）によれば，2016年の1人当たり購買力平価GDPは，タイ16,888米ドル，日本41,275米ドル，アメリカ57,436米ドル，中国15,399米ドルとなっている。

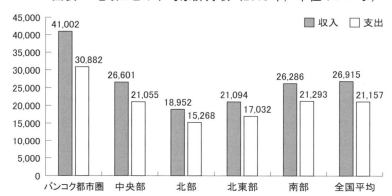

図表1 地域ごとの平均家計月収（2015年，単位：バーツ）

＊バンコク都市圏の平均月収は，北部の2倍以上である。
（出所）タイ国情報通信技術省。National Statistical Office

　これら5つの特徴とタイの状況と比べてみると，Shethの指摘のほとんどが適切であるように思われる。「市場内の異質性」は，所得格差，より具体的にいえばバンコクとそれ以外の地域の格差（図表1）と社会階層による格差（図表2）（市場内の異質性）に表れている。軍事政権の長期化[2]や南部における頻発する爆弾テロ[3]は「社会・政治環境の不安定」さを，ホワイトカラーや専門職人材の不足（図表3）とそれに伴うタイ人経営層の給与の高騰（図表4, 図表5）は「資源の慢性的な不足」を，メキシコ・シティに次ぐ世界第2位の慢性的な交通渋滞[4]とそれに伴うロジスティクスの非効率性は「不十分なインフラ」を，それぞれ表

---

2) タイでは2014年5月のクーデター以降，軍事政権が実権を掌握している（2017年5月現在）。
3) 世界中から観光客が訪れるバンコクのイメージとは違い，タイの南部ではテロが頻発している。実際，日本の外務省はタイ南部3県に渡航中止勧告を出している（2017年5月現在）。
4) オランダのGPS・カーナビゲーションシステムメーカーであるTomTom社が発表するTomTom Traffic Index 2017によれば，48か国390都市中バンコクは世界2位の混雑レベルであり，夕方の時間帯に限れば世界第1位であった。（http://www.tomtom.com/en_gb/trafficindex/）

図表2 社会経済階層ごとの平均家計月収（2015年，単位：バーツ）

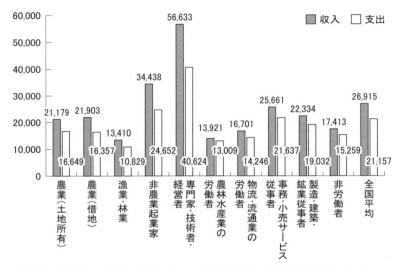

＊専門職・技術者・経営者の月収に比べ，農林水産業の年収は半分以下である。
（出所）タイ国情報通信技術省。National Statistical Office

図表3 バンコクにおける職能別労働需要（2013年，単位：人）

	経営層	専門家	技術者・専門家補佐	事務員	サービス・販売員	熟練農林水産業従事者	手工業者	機械操作・組み立て等工場労働者	非熟練労働者	全職種合計
全国	1,812	23,519	23,866	20,888	56,873	807	72,049	61,984	44,349	306,147
バンコク	863	17,829	14,850	9,210	21,569	100	27,631	18,954	9,449	120,455

＊事業所当たりの人数が少なくて済む専門家や技術者の需要が、労働集約的な工場労働者の需要とバンコクにおいて同程度あるという事実は、専門性を持ったホワイトカラー層がかなり不足していることを示している。
（出所）タイ国情報通信技術省。National Statistical Office

していると言える。

　しかし，「ブランド化されていない製品間の競争」という特徴だけは，新興国の現状を表していない。スーパーマーケットやショッピングモールには，ローカル・ブランドとグローバル・ブランドの製品が並び，テ

図表4　日系企業における月収の中央値（2016年，単位：バーツ）

	役職	製造業	非製造業
技術系	事業部長・役員	85,000	100,000
	部長	85,000	79,000
	課長	51,500	60,800
	係長	34,522	40,000
事務系	事業部長・役員	119,345	150,000
	部長	83,740	84,550
	課長	55,000	60,000
	係長	34,400	39,500
営業系	事業部長・役員	133,900	100,000
	部長	87,777	80,000
	課長	56,000	60,000
	係長	37,250	40,800

＊部長クラスの月収は，1バーツを3.3円とすると30万円を超える。ちなみに，現場のスタッフの月収は2万バーツ未満であることも多い。
（出所）厚生労働省『2016年海外情勢報告』

図表5　日系企業のタイにおける経営上の問題点

2014年

1	従業員の賃金上昇	73.40%
2	現地人材の能力・意識	57.30%
3	競合相手の台頭（コスト面で競合）	55.50%
4	従業員の質	51.40%
5	幹部候補人材の採用難	48.70%

2015年

1	従業員の賃金上昇	70.20%
2	品質管理の難しさ	52.00%
3	従業員の質	50.40%
4	競合相手の台頭（コスト面で競争）	47.80%
5	主要販売市場の低迷	42.50%

＊タイ人の賃金上昇は，多くの日本企業にとって共通の課題である。
（出所）厚生労働省『2015年海外情勢報告』

レビやSNSでも様々なブランドがイメージを作るための広告活動を積極的に行っている。それが日本をはじめとした先進国の製品のコピーで

図表6 地域ごとの市場環境[5]

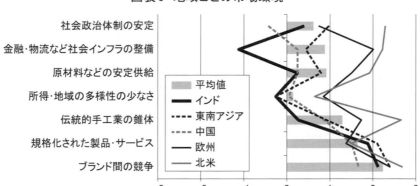

＊新興国市場におけるブランドの競争は，先進国並みの状況である。

ある場合もあるが，現地の消費者にとってそれが先進国のコピーであるかどうかは，それが知られていない限りほとんど関係がない。耐久消費財だけでなく日用品も含めてブランド化された製品が消費されているように思える。

　筆者らの2013年の調査結果ではこうした現実を裏付けするような結果が得られている。図表6は，日本企業の海外事業担当者98名に対する2013年のアンケート調査の結果である。担当する地域・市場ごとに，Shethの新興国の特徴に関する質問に回答してもらった。平均値を計算した結果，新興国（ここではインドと東南アジアを指す）は，先進国（北米と欧州を指す）と比べ，市場内の異質性や，社会・政治環境の不安定，資源の慢性的な不足，不十分なインフラに関する質問項目について，いずれもShethが指摘した通りの傾向を示していた。

---

5)「とても当てはまる」〜「どちらとも言えない」〜「全く当てはまらない」の7点尺度で「とても当てはまる」を3点，「どちらとも言えない」を0点，「全く当てはまらない」を−3点として平均値を計算した。質問項目は章末のAppendixを参照していただきたい。

しかし，「規格化・ブランド化された製品・サービスが市場に出始めている」，「ブランド間の競争が起きている」という2つの質問に関しては，新興国は先進国と同じ，あるいはそれ以上の状況であることを示している。

　この結果からわかることは，たとえ低価格で低品質な製品が市場にあふれていたとしても，それらも含めてブランド化された製品間競争が行われているということである。つまり，新興国において工場の品質管理や顧客に接する従業員の教育が重要であるのと同時に，そうした製品やサービスをどのようにブランド化して消費者に認知してもらうかという点が，新興国における競争においても重要になってくるということである。

　新興国においてもブランドが重要であるというと当たり前のように聞こえるかもしれない。しかし，アンケート調査と聞き取り調査から見えてくる日系企業の現状は，ブランドの重要性を理解しつつも，それに対して十分に取り組めていない，あるいは十分な成果が上がっていないという現状である。本章では，新興国における日系企業の現状を紹介しながら，新興国市場におけるブランド構築の課題について考察したい。

　ブランドとは何か，という問いに対する答えは研究者によって様々であるが，共通する点は製品やサービスに関する消費者の記憶の総計がブランドであるという点である。その記憶には，製品やサービスを実際に経験した記憶もあれば，広告や口コミ情報などから生まれる記憶もある。実際に経験はしていなくても，あるいは高価なために購入可能ではないとしても，ブランドに対する記憶は蓄積され，その記憶は消費行動に影響を与える。

　日本の大企業の多くは，日本の消費者に対して長い時間をかけて製品やサービスに対する信頼を築き，ブランドのイメージを構築していっ

た。そのため新しい製品・サービスブランドの立ち上げに際して，ブランド作りを強く意識していなくても，これまで蓄積してきた企業ブランドのおかげで日本の消費者に好意的に受け入れられることが多かった。流通企業も長期にわたる取引実績と信頼から，ナショナル・ブランドの新ブランドであれば，とりあえず店頭で取り扱うことが多い。実際，自動車や家電製品など，日本国内のブランドの多くが何十年も変わらずに日本国内での市場地位を維持している。

　しかし，新興国市場で問われているのは，こうした長年にわたって蓄積された信頼関係がない消費者に対して，どのように製品やサービス，あるいは企業の記憶を作っていくかということである。本章はブランド構築のための技術的な側面だけでなく，それを支える企業組織の側面から検討する。ブランド構築をするためのマーケティング活動と組織について考察したい。

Ⅱ　新興国市場理解のためのマーケティング

　ブランド構築も含め，マーケティング活動の出発点は対象とする市場の理解にある。ここでいう市場とは，消費者と競合他社を指している。冒頭で述べたように，新興国では同じ国内であっても消費者の異質性が高い。さらに先進国にあるような，ビジネス雑誌やシンクタンクによる業界分析といった多様な2次データの入手が難しい。

　こうしたデータの入手可能性だけでなく，日本企業固有の問題もある。社員も消費者も日本人という状態が長く続いたため，消費者像を明確にするための市場データ分析というマーケティングの定石が，日本企業に定着していない可能性がある。本節では日本企業のマーケティングの特徴から不足しがちなマーケティングの能力と機能を指摘し，新興国

におけるマーケティングとブランド構築の出発点について議論を深めたい。

1. 消費者の理解と日本企業

　日本国内でマーケティングや営業の経験を持っているからといって，新興国でそれがそのまま適用できるとは限らない。それは新興国が特殊であるというだけでなく，本国である日本のマーケティング環境が特殊であるという事情もある。こうした日本企業の特殊性を理解することなくしては，どのような情報やノウハウが必要となるのかという点について自覚的になれない。これまでの筆者が行ったサーベイ調査やインタビュー調査の結果をもとに，日本のマーケティング環境の特徴を2点指摘したい。

　第1に，消費者理解に関して日本企業は日本国内で極めて有利な状況であったということである。それは，日本国内で生まれ，日本で教育を受けた日本人従業員が，比較的同質的な日本人の消費者に対してマーケティングを行うため，客観的なデータによらなくても市場に対する理解が社内で共有されている点である。企業活動の多国籍化や人材のダイバーシティ（多様性）の促進によって変化しつつあるとはいえ，ほとんどが日本人によるマーケティング活動であることに変わりはない。こうした特殊な環境のおかげで，市場や消費者に対するマーケティング担当者の理解が進みやすいようだ。

　筆者らが行った『日本企業のマーケティング力』調査で明らかになった点の1つとして，日本企業のマーケティング担当者の多くは，消費者と市場を理解するためのセグメンテーション（市場細分化）とターゲティング（対象顧客像の明確化）の重要性を理解しつつも，それらをデータや資料に基づいて科学的に実行していないということである（山

下ほか 2012)。言い換えれば，市場を理解するために本来必要な手続き
をスキップできていたということである。

　この結果は，日本国内で育った日本人マーケティング担当者は，詳細
なデータがなくても日本国内にはどのような消費者がいるのか，どのよ
うなライフスタイルを持っているのか，ということを肌感覚として理解
していることが多いということを示している。こうした長年の経験によ
る肌感覚の理解は，それを持たないマーケティング担当者にとっては模
倣が難しく，日本企業の競争優位の1つであると言えよう。

　しかし，こうした肌感覚の市場理解は異なる市場においては当然役に
立たない。役に立たないだけでなく，これまでデータと資料による分析
と意思決定を行ってこなかったという点で，デメリットにもなるだろ
う。日本国内で行ってきた経験が特殊であるという認識を持つと同時
に，海外市場においては肌感覚を持つローカルの優秀なスタッフと，
データと資料に基づく議論，本社とのコミュニケーションが必要にな
る。

　日本市場のもう1つの特徴は，フルサービスの広告会社の存在である。
日本国内のマーケティング活動において，広告会社の影響力は極めて強
いと言われている。日本の広告会社は広告だけに限らず，市場のデータ
収集から始まり，顧客企業のマーケティング戦略全般に対してアドバイ
スやコンサルティングを行っている。元広告会社勤務の方に対する筆者
らの聞き取り調査によれば，新製品がある程度出来上がった後に，製品
コンセプトや対象顧客を広告会社と一緒に検討するという企業もあるよ
うである[6]。

　こうした日本国内における広告会社との関係は，マーケティング活動

---

6) マーケティングの基本的なプロセスから考えると，対象顧客や製品のポジショニング
　は製品が形になる前の企画の段階で決まっている必要がある。

を実行する上で重要かつ有益である一方，企業が自社製品のマーケティング活動を独力で行う能力やノウハウが社内に蓄積されにくいという問題がある。言い換えれば，企業のマーケティングが広告会社に依存してしまい，マーケティングのノウハウが当該企業ではなく，広告会社の担当者に蓄積してしまうという状況である（山下ほか 2012）。実際，日本企業の広告担当者は専門職ではなく，ジョブローテーションの対象となる一般的な職種扱いとなっていることが多い。ブランドの核となるコンセプトに対する深い理解と，それに基づくブランドとして何をやって何をやらないべきかという線引きに関する判断を，数年単位でジョブローテーションする担当者に任せるというのは極めて異例であると言えよう。

　消費者に提供する根本的なブランドの価値が一貫してぶれないためには，そのブランドに思い入れのある担当者が長期的に管理するか，あるいはブランドに関するノウハウを組織的に蓄積するという方法を取るかのいずれかである。日本市場にいる限り，企業がこの両者の選択を迫られることはほとんどない。なぜなら広告会社との長期的な関係を続ける限り，広告会社にノウハウが蓄積し続けるからである。

　広告会社が進出先市場でも同様のサービスを提供してくれる場合には良いのかもしれないが，多くの場合，現地市場におけるビジネスの規模や現地の法規制の影響で日系の広告会社が日本と同様のフルサービスを提供することは難しいようだ。また，広告会社自体も日本のメディア環境と消費者，顧客企業に最適化しており，第1の特徴として指摘した，日本人社員による日本企業と日本人消費者の理解という優位性を享受しているため，それと同等のサービスを海外で提供する体制を海外で構築することは難しいのである。

　つまり，日本企業が戦略的にマーケティングのノウハウを自社に蓄積

していない場合には，海外市場においてブランド構築のノウハウがない，という状況に直面することになる。

　ここまで議論してきたように，日本市場の2つの特徴は国内では競争優位に資するものの，海外市場で直面する異質な市場環境に適応する際に不利に働く場合がある。製品やサービスが競合よりも優れているにもかかわらず販売が振るわないという状況は，多くの日本企業に共通した悩みであるように思われる。こうした状況を打破するためにも，ローカルのスタッフの知見を積極的に採用したり，駐在員のマーケティング能力の向上を図ったり，市場の特徴を裏付けるデータや資料をもとにした客観的なマーケティング活動を進める必要がある。

2. 競合理解のための2次データの活用

　マーケティング活動の出発点としてもう1つ理解しておかなくてはならないのは，すでにその市場に存在しているブランドの位置づけを把握することである。消費者のブランド記憶は，絶対的というよりは相対的である。市場に存在する他社との，あるいは自社の他ブランドとの相対的な位置づけを確認する必要がある。

　こうしたときに役立つのが，民間企業等が行っているブランド調査である。日本や先進国では，さまざまなブランドランキングやブランド評価のサービスがある[7]。1社で行うことができないほどの大規模な調査が毎年行われるため，他社との比較だけでなく，時系列での比較も可能になっている。

7）世界的に有名なのは，インターブランド（Interbrand）社のランキングである。同社は世界規模でのランキングだけでなく，日本も含めた個別市場の調査も行っている。日本国内に限定すれば，日経BPコンサルティング社が行っている「ブランドジャパン」が有名である。

しかし新興国では，こうした二次データの入手可能性が問題となる。政府の統計すら満足に整備されていない場合もあるし，データがあったとしても調査の規模や方法が信頼性に欠ける場合もある。

ここでは，タイの最高学府の1つであるチュラロンコン大学（Chulalongkorn University）が実施している，The Most Powerful Brand in Thailandを紹介したい。バンコクを含むタイ国内14地域で12,000人を対象に調査を行っている。6つの産業（自動車・エネルギー，飲料，食品・スナック，パーソナルケア・家庭用消費財，レストラン・金融サービス，テクノロジー製品・サービス）における32の製品カテゴリーに所属するブランドを対象に，ブランドの認知，選好，イメージ，利用の4つの側面を合成し，ブランド・パワーを計算している[8]。ここではすべての結果を紹介することができないが，主要な9つの製品カテゴリーの2014年と2016年の結果を紹介する（図表7）。

自動車やオートバイ市場では，日系ブランドの圧倒的な強さが見て取れる。タイの消費者の所得水準を考えれば，韓国や中国の自動車メーカーが検討することも十分可能であると思われるが，追加のお金を払っても日本車を買いたいという消費者の購買意欲が見て取れる。すなわち本章のⅠで指摘したように，新興国で所得水準が高くないとしても，ブランドを構築することができれば，消費者は喜んで追加のお金を支払うということがわかる。

ローカル企業が強いのはビールやインスタントコーヒーといった一部のカテゴリーにおいてのみである。食品は一般的に消費者が保守的な消費をするカテゴリーだと言われている。味覚に関する好みは一朝一夕には変わらず，外国の料理であっても国内メーカーが現地化した味を好む

8）4つの要素に重みづけを行って合計している。具体的には認知と利用をそれぞれ1，選好とイメージをそれぞれ0.5で重み付けをしている。

14　第1章　新興国におけるブランド構築

図表7　2014年，2016年のタイにおけるブランドランキングの一部

乗用車		オートバイ		炭酸飲料	
2014年	2016年	2014年	2016年	2014年	2016年
トヨタ	トヨタ	ホンダ	ホンダ	コカ・コーラ	コカ・コーラ
ホンダ	ホンダ	ヤマハ	ヤマハ	ペプシ	ペプシ
トヨタ Vios	トヨタ Vios	スズキ	スズキ	ファンタ	ファンタ
トヨタ Yaris	ホンダ City	Kawasaki	Kawasaki	スプライト	スプライト
ホンダ City	ホンダ Civic	Vespa	Vespa	est	est
インスタントコーヒー		ビール		インスタントラーメン	
2014年	2016年	2014年	2016年	2014年	2016年
ネスカフェ	ネスカフェ	LEO	LEO	MAMA	MAMA
Birdy	Birdy	SINGHA	SINGHA	YumYum	YumYum
MOCCONA	MOCCONA	Chang	Chang	WaiWai	WaiWai
Khao Shong	Khao Shong	ハイネケン	ハイネケン	Quick	Quick
NatureGift	NatureGift	ARCHA	ARCHA	日清	日清
ヘアケア		ノートパソコン		テレビ	
2014年	2016年	2014年	2016年	2014年	2016年
Sunsilk	Sunsilk	acer	acer	サムスン	サムスン
パンテーン	パンテーン	Apple	HP	ソニー	ソニー
Clear	Clear	サムスン	Dell	Panasonic	Panasonic
Head&Shoulders	Head&Shoulders	ソニー vaio	Apple	LG	LG
Dove	Dove	HP	サムスン	東芝	Philips

＊網掛けしたブランドは，タイのローカル・ブランド。
（出所）Chulalongkorn Business Schoolが実施したThe Most Powerful Brand in Thailand
　　　2014および2016をもとに筆者作成。

場合が多い。しかし，炭酸飲料やインスタントラーメン市場を見ると大
半が海外発のブランドであり，製品自体の品質だけでなくブランドの影
響が強いカテゴリーであることがわかる。

　家電製品や家庭用消費財に関しては欧米メーカーの強さが目立ってい
る。特にヘアケアカテゴリーでは，ユニリーバ（Sunsilk，Clear，
Dove）とP&G（Pantene，Head&Shoulders）が独占している。日系企
業が独占するようなカテゴリー以外で健闘しているしている日系ブラン
ドは，インスタントコーヒーのBIRDYやインスタントラーメンの
YUMYUMを発売する味の素と，日清食品である。

　2014年と2016年の調査の比較でわかることは，ランキングの変動が

小さいことである。ブランドが消費者の記憶であるならば，この結果は消費者のブランドの記憶がすでに定着しつつあり，大きな変化を起こすのが難しい市場になっているということを示している。今回紹介した製品カテゴリー以外でも，ブランドランキングの変動はほとんど見られなかった。このことは，消費者の記憶できるブランド名やそれに関連するイメージはすでに飽和状態であり，これからブランドを立ち上げようとする企業は，長期的にインパクトのあるマーケティング活動を続ける必要があると思われる。

　ここまで見てきたように，こうした信頼できる2次データを見つけることは市場の競争状況を知るうえで重要になる。企業が単独でここまで大規模な調査を実施することは難しい上に，過去から現在までの変化まで知ることができる2次データは貴重であると言える。ただし，2次データのデメリットとして，調査の目的が自社の目的に完全に合致することは少ないという点がある。不足しているデータは何かを明確にしたうえで，独自に調査会社に依頼したり，信頼できる調査機関や大学が行う調査を支援するような形で，自社の意向に沿った質問を加えてもらうという方法もあるだろう。

Ⅲ　ブランド構築のための組織と投資

　ブランドの立ち上げに必要なもう一つの要素は，継続的にコミットできる組織体制である。ブランドを構築しそれを維持するためには，そのブランドをよく理解する人材が継続的にビジネスにかかわることと，それを支える組織的な体制が整っていることである。本節では，日本企業が海外市場で抱える人材マネジメントの問題点を指摘し，ブランド構築のための組織的な取り組み，特に本社と現地法人の関係について考察し

たい。

1. 駐在員制度と現地人材活用

　2016年〜2017年に筆者が日系企業やタイの競合企業に対して行ったインタビュー調査において，日系企業は駐在期間が比較的短期であることと，駐在中に現地消費者とのかかわりが少ないことが問題点として指摘された。

　日本企業の駐在員の多くは，3年〜5年程度の駐在期間を経て日本に帰国したり，新たな赴任地に異動する。リクルートグループの2016年の調査によれば，アジアの他地域に比べ比較的駐在期間が長いタイにおいても5年未満での帰国が大半を占める。日本人駐在員が短期間で異動することを知っているローカル・スタッフには，上司である駐在員の異動が近づくにつれ仕事の成果を先延ばしにして，新しい上司に評価してもらいたいというインセンティブが働く。また，ローカル・スタッフが持つ顧客や市場の知識を活用するためにはお互いに信頼関係を築く必要があり，短期での異動はマイナスに働く。したがって，駐在員の感覚としてこれが長いか短いかは議論があると思われるが，消費者向けにブランドを作るというミッションのためには十分だとは言えない。

　ブランド構築だけでなくマーケティング活動全般に言えることだが，企業のマーケティングは自社単独で行うことはできない。海外であれば現地企業との合弁会社であることがほとんどであるし，原材料の取引先や流通企業，広告会社など様々な関係先と一体となってマーケティング活動を行う必要がある。これら関係企業がブランドに対して共通の理解を持っていないと，一貫したブランドの記憶を構築することは難しい。例えば，消費者が広告を見たことによって抱いたブランドのイメージに対して，その消費者が店頭や従業員との接触において何か違和感を持つ

としたら，ブランドの一貫性の管理ができていないと言わざるを得ない。企業が意図したようなイメージを消費者に抱かせることに失敗しているのである。つまり，関係企業との協力なくしては適切にブランドを構築することができないということである。

　こうしたマーケティング活動の特徴のみならず，先に述べたような消費者と競合他社の理解の難しさを考えると，マーケティング担当者の駐在期間が短いのはブランド構築を行う上でマイナスである。

　新規に製品やブランドを導入する場合，少なくとも当該市場でどのようなブランド・ポジションを築くか（市場調査結果と企業の戦略の調整），日本と同じブランド名の製品を導入するならば，全く同じ製品を売るのか，一部を現地化するのか（本社のグローバルなブランド管理との調整），といった意思決定をしたのちに，現地の関係企業のスタッフとの間に共通した認識を作るという必要がある。こうしたプロセスを慎重に進めない限り，関係企業との共通認識ができず，意図したブランドの位置づけが正しく伝わらないという事態になりかねない。当然，消費者に伝えることにも失敗してしまう。

　短期で駐在を終えるもう一つのデメリットとして，ローカル・スタッフとの信頼関係がある。一般的にタイのローカル・スタッフは企業への忠誠心というよりも，自分にとって命令に従うことがメリットとなるかどうかが重要であると言われている（森下 2014）。もしそうであるならば，早々に日本に戻る日本人上司の命令を真面目に聞くだろうか。

　先に述べたように，日本企業のマーケティングに関するノウハウの蓄積は，日本市場の特殊性により不十分である場合が多い。それを補うためには，現地市場への深い知識と理解を持つローカル・スタッフと共同でブランド構築のプランを練る必要がある。ローカル・スタッフからノウハウを引き出すためには，彼らのモチベーションを高めるための日本

人駐在員による長期のコミットメントと，ローカル・スタッフと本社の意向を調整できる駐在員の存在が欠かせない。ローカル・スタッフに対して待遇面だけでなく，仕事のやりがいを与えるということも重要な施策の1つである。

　日系企業の駐在員制度のもう1つの問題は，駐在中の生活スタイルである。日本企業は社員の健康や安全を守る必要があるため，駐在中の生活に一定の制限を設けていることが多い。日本人駐在員とその家族が多く住むバンコクのThonlor地区は，高級なコンドミニアムとレストラン，バー，スーパーマーケットが立ち並んでいる。しかし，こうした生活から見えるタイの消費者の姿は，一般的なタイ人の生活スタイルとはかけ離れている。Thonlor地区のレストランのほとんどが日本人を含めた外国人向けであり，価格帯も現地の人が使うレストランとかけ離れている。実際，比較的高収入を得ているタイの大学教員であっても，同地区の物価は高すぎると感じているようである。

　本来，駐在員を派遣する目的の1つは，現地市場と現地の消費者をより深く理解するためである。しかし，社用車を使ってコンドミニアムとオフィスを往復し，食事は日本食や外国人向けレストラン，休日はゴルフという生活で，果たして現地の消費者の生活を理解するという目的は達成できるのだろうか。新興国が生産拠点であった時代には，BtoBのビジネスを行う日本企業同士が週末のゴルフを通じて交流を図り情報交換をするという「顧客開拓・市場調査活動」は一定の合理性があった。しかしタイが生産拠点であると同時に重要な市場となり，現地の消費者向けにBtoCのビジネスを行っている企業にとっては，見るべきは他の日本企業・日本人駐在員ではなく，自社がターゲットとする現地の消費者である。

　タイ資本の日本食レストランチェーンの経営者は，たとえ日本食に関

してであっても日本人駐在員に現地消費者の好みを理解することは難しいだろうと述べた。タイの一般的な消費者が何を基準に日本食レストランを選択しているのかは，タイ人の生活スタイルに寄り添わない限り理解が難しいだろうということである。彼の発言は，日本的な生活を駐在員に保障することが，現地消費者に対する理解を妨げていることを示している。

　これら2つの問題は，駐在員自らが現地市場の知識を獲得するのが難しい上に，現地社員から有用な情報を引き出すための信頼関係を築く時間が足らないという，深刻な問題を引き起こしている。繰り返しになるが，マーケティング活動は市場の理解なくしては成功しない。ローカル・スタッフに日本企業を理解させるということも重要であるが，日本人駐在員がローカル・スタッフや現地の消費者に接近するということも同じように重要である。

　こうした情報不足と短期的なコミットメントにより，ブランド構築と維持という課題は難しい状況であると言えよう。駐在員に依存した情報収集と情報蓄積が難しいのならば，残された解決策は，ローカル・スタッフが組織に長期にコミットしてくれる体制を構築することである。

2. ブランド構築のための組織

　先に述べたように，日系企業の駐在員のマネジメントは，比較的短期で現地消費者から切り離された生活をさせるという点で，市場情報の収集とブランド構築に適しているとは言えない。駐在員が個人としていかに優秀であったとしても，こうした問題を個人で解決するのは難しいだろう。そうであるならば，組織として解決策を考える他ない。

　1つの大胆な解決策は，合弁先の現地企業にマーケティング機能を完全に任せ，日本側は製品開発と工場の生産管理に特化してしまうことで

ある。筆者が調査する中でも，いくつかの日本企業でこうした事例が見られた。日本の本社がブランド構築をはじめとしたマーケティング活動を管理できないというデメリットはあるものの，現地社員の動機付け，長期的なコミットメント，市場知識の利用といった点のみならず，日本本社との調整が不要になるという点で迅速な意思決定が可能になる。日本側は生産や品質の管理に徹するという点で，現地企業には模倣できない競争優位をいかした形態といえるかもしれない。ただし，この方法を採用したとしても，製品の仕様や価格に関して日本側が強い権限を持っていることが多く，ローカル・スタッフが求める製品展開に時間がかかることが多いようだ。マーケティングの4Ps（Product, Price, Place, Promotion）が整合的に組み合わされるのが理想であるとするならば，流通やコミュニケーションを現地に委譲するだけでなく，製品や価格についての調整を迅速に行う仕組みが必要である。

　上記のような現地化ではなく，日本側でのブランド管理を行おうとするならば，どのような組織が望ましいのであろうか。筆者らが行った2012年の調査によれば，本社主導で海外市場でのマーケティング活動を行うならば，本社から現地法人へとマーケティングのノウハウが移転するのと同時に，現地法人から本社へと現地市場のノウハウが活発にやり取りされる必要があることが示されている。このノウハウの環流がうまくいっている企業は，本社主導型のマーケティングでも相対的に高いパフォーマンスを出すことができている。おそらく，マーケティングのノウハウが本社に蓄積され，現地市場からの情報やデータがあればブランドの管理ができるという，比較的マーケティング能力が高い企業がこうしたタイプに当てはまるのであろう。

　一方，現地法人主導で現地のマーケティング活動を行おうとするならば，本社と現地法人の信頼関係が極めて重要になることが示されてい

る。本社主導型のように，必ずしもノウハウを環流する必要はないが，本社が現地法人のマネジメントに不信感を抱いたり，反対に現地法人が本社の管理を嫌がったりするような状況であると，マーケティング活動に関する本社の承認が遅れたり，当該市場に対する本社の関心が薄れたりする可能性がある。

　現地法人主導の組織の難しさは，現地法人の「独立王国化」と表裏一体であるという点である。現地での活動が本社からの信頼のもと行われている間は良いのだが，現地のビジネスが駐在員個人のノウハウやネットワークに依存しすぎるあまり，本社から切り離された状態になってしまう。したがって，本社にとって信頼できる現地駐在員が存在し，その駐在員が組織に対して時間的にも精神的にも十分なコミットメントをするという状況がない限りは，このマネジメントはうまくいかない。

　このように，現地法人の権限と人材のマネジメントがかみ合っていないと，海外事業のマーケティングは困難なものになる。もし社員の海外駐在期間を長くすることができないのであれば，データに基づいたマーケティングの標準的な意思決定や，現地社員を使いこなすための人事制度の整備を本社主導で進めなければならない。もしそれらがないのならば，合弁先企業にマーケティングを任せるといった大胆な意思決定が求められる。

3. ブランド構築とマーケティング投資

　すでに見てきたように，タイをはじめとした「中進国」に近づきつつある市場では，消費者のブランドの記憶はすでに固まりつつある。こうした市場においてブランドを新たに立ち上げたり，活性化したりするためには，かなりまとまった額のマーケティング投資が必要となる。市場の中ですでにシェアを獲得し，地位を確立しているブランドは，その売

22　第1章　新興国におけるブランド構築

り上げをもとにマーケティングに対する再投資を行っている。こうした先行の競合ブランドの記憶を塗り替えるようなインパクトのあるマーケティング活動を行うためには，現地法人だけの資金では不足しているかもしれない。日本の本社を巻き込んだ大規模な投資を考える必要がある。

　しかし多くの日本企業は，工場をはじめとした生産設備やロジスティクスの整備といった目に見える物への投資はできても，ブランドという実体がなく，投資効率を測定することが難しいものに対して投資が過少になるという傾向がある。投資リスクを気にするあまり過少投資になり，その結果として消費者の認知が高まらず，売り上げが低迷，撤退するというケースは消費財によくみられる。なぜこうしたリスク回避的な投資になるのだろうか。

　その1つの理由は，成熟市場である日本での投資ルールと，成長市場で求められる海外での投資ルールとが異なる，という理解が本社側に十分に浸透していないからである。

　有名な経営の理論の一つに製品ライフサイクル理論というものがある。簡単に内容を説明するならば，人間と同じように，製品にもライフサイクルがあると仮定して，それを導入期・成長期・成熟期・衰退期の4つに分けることによって，それぞれの時期に適した経営・マーケティングの目標と戦略が論理的に決まるというものである。

　この製品ライフサイクルの考え方を東南アジア市場に適用してみるならば，早くから東南アジア市場に進出していた企業は，市場が急成長する以前の導入期の間，比較的少額の投資で，主に外国人駐在員を対象にしたビジネスを行ってきた。この時期には価格が高くてもその製品を買ってくれる消費者がいるため，コツコツと小さく利益を上げるというビジネスのスタイルが正当化される。

しかし，市場が導入期から成長期に差し掛かってきたときには，こうした小さな利益を積み上げるビジネス・スタイルでは，競合他社に負けてしまう。新規に製品を購入してくれる消費者が急速に増える中，競合他社は導入期の製品を模倣する形で市場に参入し，低価格で製品を販売，シェアの獲得を目指している。こうした状況下では，これまでと同じようにマーケティング予算を決めていては競合他社との投資競争に負けてしまう。売り上げベースでいえば年に数パーセントの成長をしているので，低成長が当たり前になっている日本本社から見ると海外事業が順調に成長しているように見える。しかし，市場の成長が自社の成長よりも速いため，シェアを徐々に失い他社との競争に負けるという現象が起きる。成熟期や衰退期のビジネスに慣れた日本企業にとって，年に数パーセントずつ着実に成長しているビジネスが失敗しているとは夢にも思わないのである。

　こうした市場が急速に拡大する成長期におけるマーケティングの定石は，新規の消費者をより多く獲得するためにマーケティング投資を競合に負けないくらい増やすことである。成長期には製品やサービスが大衆向けになり競合との価格競争が激化するため，価格を徐々に下げる必要がある。事業全体としては，製品の価格を下げるので売り上げが成長しても利益が出にくいという状況が続く。しかし，製品ライフサイクルのセオリーでは，この成長期の段階で十分なシェアを獲得することによって，市場の成長が一段落した成熟期において高利益が享受できるようになることが分かっている。ここで重要なのは，こうした中長期的な視点を持って大胆な投資の意思決定ができるか否かである。

　多くの製品カテゴリーにおいて，現在のタイの市場は成長期から成熟期にかけての段階だろう。まだ成長期にある製品カテゴリーであれば，新規の消費者を獲得すると同時に既存のブランドのユーザーを奪うため

の戦略を考案する必要がある。そのためには，市場に出遅れた分だけ，消費者にとってインパクトのあるマーケティングを展開しなくてはならない。必ずしもお金をかければよいというわけではないが，資金導入ができるような説得的な戦略ストーリーと，本社との関係，現地法人組織の体制を作る必要がある。

Ⅳ 結論：「日本」に頼らないブランド構築

　これまで議論してきたように，東南アジア，特にタイ市場における消費者向けブランドの構築は，自動車やオートバイなどの一部の製品カテゴリーを除いて，日系企業にとってかなり厳しい状況にある。その原因として考えられるのが，日本企業が日本で行ってきたマーケティング活動の特異性に起因する，マーケティングやブランド・マネジメントのノウハウの不足であった。また，市場進出後のマーケティングノウハウや市場知識の獲得に関しても，駐在期間の短さや駐在員の生活環境によって，駐在員による現地消費者情報の獲得とローカル・スタッフからの知識移転という両方のインプットがうまくいかないという構造的な問題が見えてきた。

　タイは特にそうであるが，これまで東南アジア諸国における「日本」というブランド・イメージは極めてポジティブに作用してきたと思われる。いまだにMade in Japanへの信頼は高いし，日本へのあこがれは強い。こうした状況は中国の消費者市場を狙って多くの日本企業が進出した20年前にはなかった追い風の状況であることには間違いない。しかし，こうした追い風だけに頼るブランド構築はすでに限界にきている。中国企業や韓国企業の製品の品質はすでに非常に高いレベルになっており，日本の品質イメージだけでは太刀打ちできない。マネジメントや

マーケティングの巧拙がビジネスの成功を左右する決定的な要素になってきているように思われる。日本ブランドを生かしながら，自社独自ブランドのポジショニングを検討し，それを実現するマーケティングのノウハウを意識的に蓄積していく必要がある。

　本社や地域統括会社による強いブランド管理を行っている欧米企業の場合と異なり，日系企業がグローバルなブランド・マネジメントの方法を確立しているとは言い難い。また，先に指摘したように，広告会社と協力したマーケティングの体制を作ってきたために，必ずしも企業の中にブランド構築のノウハウが蓄積されているとは言えない。これらの条件は多くの場合競争上のデメリットとなるが，海外市場において新たにブランド構築の方法を実験するという自由度があると考えることもできる。特に一部の高級品を除けば，グローバルに統一したブランド構築を指向するよりも，市場ごとに現地化されたブランドのポジショニングを選択できるという方が，市場に密着したブランド作りにつながるだろう。

　組織は戦略に従うという古典的な言葉があるが，ブランド構築を戦略的に考えていなければ組織体制も決まらない。消費者と競合他社の現状理解に基づいて，どのようなブランドを構築していくべきか。短期的な売り上げではなく，中長期的に安定したブランドの記憶を作り上げるために，ブランド作りに真摯に取り組む現地法人の体制と，それをサポートする本社の体制を作る必要がある。

Appendix：図表6の調査に使われた質問項目
1. 所得格差や地域ごとの嗜好の差が大きく，地域全体を対象とした製品・サービスを提供しにくい
2. 社会・政治統治体制が安定している

3. 伝統的な手工業が続いており，規格化された製品・サービスが普及していない
4. 規格化・ブランド化された製品・サービスが市場に出始めている
5. ブランド間の競争が起きている
6. 原材料などの資源が安定的に供給されており，専門的人材なども十分に調達可能である
7. 道路・金融・物流などの社会インフラは十分に整備されている

【参考文献・資料】

National Statistical Office (2014). *The 2013 Labor Demand of Establishment Survey*, Ministry of Information and Communication Technology.（http://web.nso.go.th/en/survey/ld/data/580116_Full.pdf，2017年5月31日参照）

National Statistical Office (2016) "Executive Summary of the 2015 Household Socio-economic Survey," Ministry of Information and Communication Technology.（http://web.nso.go.th/en/survey/house_seco/data/Executive_Summary2015.pdf，2017年5月31日参照）

Sheth, J.N. (2011) "Impact of Emerging Markets on Marketing: Rethinking Existing Perspectives and Practices," Journal of Marketing, 75 (July), pp.166-182.

厚生労働省（2016）「特集 インド，インドネシア，タイ及びベトナムにおける人材養成施策等」『2015年 海外情勢報告』pp.23-35.（http://www.mhlw.go.jp/wp/hakusyo/kaigai/16/dl/05.pdf，2017年5月31日参照）

厚生労働省（2017）「第5章 東南アジア地域にみる厚生労働施策の概要と最近の動向」『2016年 海外情勢報告』pp.321-500.（http://www.mhlw.go.jp/wp/hakusyo/kaigai/17/dl/t5-11.pdf，2017年5月31日参照）

榊原宏一「アジアにおける日系企業海外現地採用実態調査2016年～簡易版～」（http://www.rgf-hragent.asia/file/download?url=News&file=rluiMwjJj4Y5U8rqwVi7D3SlmsFPsLWEFFmHU1J2rng%3D&name=%E6%97%A5%E7%B3%BB%E4%BC%81%E6%A5%AD%20%E7%8F%BE%E5%9C%B0%E6%8E%A1%E7%94%A8%E3%81%AB%E9%96%A2%E3%81%9

9%E3%82%8B%E5%AE%9F%E6%85%8B%E8%AA%BF%E6%9F%B
B2016%E5%B9%B4%EF%BD%9E%E7%B0%A1%E6%98%93%E7%8
9%88%EF%BD%9E.pdf，2017年5月31日参照）

森下真由（2014）「アジア主要6カ国人材マネジメント調査概要【タイ】【イン
ド】」『季刊 政策・経営研究』2014，Vol.2，pp.149-159.

山下裕子・福冨言・福地宏之・上原渉・佐々木将人（2012）『日本企業のマー
ケティング力』有斐閣。

上原　渉

第2章

タイおよびCLMV市場の金融サービスビジネス

I はじめに

　世界中のほぼすべての国々の経済活動において，サービス業は中心的役割を担っている。サービス業のGDPに占める割合を平均すると，低所得国の50％から，中所得国の54％，高所得国の72％にいたる。サービス産業はさらに雇用創出にも大きく貢献しており，高所得国の全雇用のおよそ72％に相当している（WTO 2016）。1980年代から，世界のサービス貿易は商業貿易よりも急速に成長している。WTO（2016）の見立てによると，今日の世界の海外直接投資の半分以上がサービス業に流れ込んでいる。世界の海外直接投資額に占めるサービス業の越境投資の割合は，1990年は49％であったが2015年には60％以上に増加している（UNCTAD 2016）。

　近年，金融サービスの取引は急速に拡大している。金融サービスの国際取引の自由化は世界中の金融サービス業界において，市場統合を深化させ，健全性の監督と金融サービス業界の活性化を促進している。金融サービスの国際取引の自由化に向けた動きは，1995年1月に施行されたWTOのサービス貿易に関する一般協定（GATS）と相俟って，1990年代に勢いを増した。GATSを受け入れることによって，WTO加盟国は，サービス部門の国内市場へのアクセスと，各国のサービス貿易自由化における約束表によって定められた供給体制（例えば，越境貿易，外国消費，商業拠点，人の移動）を保証する[1]。しかし，個別の国々では，

---

1) WTO（2016）によれば，GATS下のサービス貿易は4つの供給体制に分類される。越境型のサービス供給は，ある国から，もう一つの国へサービスが供給されることである（例えば，国際電話や遠距離教育）。国外消費は，ある国の消費者が，もうひとつの国でサービスを利用している場合があてはまる（ツーリズム）。商業拠点（コマーシャルプレゼンス）は，外国資本が所有している，もしくは統制している会社の現地法人，子会社，もしくは駐在員事務所によって，あるメンバーのテリトリーのなかで供給されるサービスである（例えば，ある国の銀行が別の国で事業を立ち上げる場合など）。人の

市場で業務をすることができる外国サービス提供者に対して，各国が望む通りに，あらゆる制限を保持することができる。例えば，自国内で外国銀行の業務に許認可を与えようとしている国は，外国銀行の市場へのアクセス制限や国内金融機関の保護のために，外国銀行の支店開設数を制限するかもしれない。GATSの方策は，すべてのWTO加盟国に対して，非差別的な原則に基づき適用されなければならない。

　ASEANのサービス業の貿易自由化は，AFAS[2]が1995年12月15日にASEAN経済閣僚によって署名されたことを契機に，一層急速に進展した。AFASはWTOのGATSを遵守しながら履行されており，ASEAN諸国間のサービス貿易に対する制約を大幅に撤廃している。しかし，市場アクセスと国内産業保護に関する規制は，銀行業，保険業，その他の金融サービス業において残っている（ASEAN 2017）。サービス貿易の自由化は，サービス提供者が当該地域において，円滑に業務を行うことを可能とし，その有益性は他の経済活動に波及する。消費者に対しては，より競争的な価格でバラエティ豊かな高品質のサービスを提供し，サービス提供者に対しては，規模の経済性が働くことで，企業が抱える非効率で高価なサービスインフラの重荷を軽減させる。さらにはイノベーションと技術移転を促し，結果的により国際的な貿易と投資を促進する。

　グローバル経済成長のエンジンは，近年，アジア地域にシフトしている。東南アジア経済の多くは，主に国内の堅調な需要によって支えられ

　移動とは，ある国から別の国へサービスを提供するための専門家（コンサルタントやヘルスワーカー）の移動である。それらのなかで，コマーシャルプレゼンスは，サービスの国際供給を推進し，ノウハウを移転させ，そしてグローバル価値連鎖に参加するための経済のキャパ拡大において，重要な役割を担っている。
2）AFAS（サービス業における協定の枠組み）は，国境を跨ぐ供給とサービスの海外消費に対する制限を削減すること，高い外国資本の参加，そして，サービス業の越境貿易に対する多様な制限を漸進的に取り除くことを目的としている（ASEAN 2017）。

ているため，高い成長性を維持している（IMF 2017a）。特に，大メコン圏（GMS）[3] は，急速な経済成長を遂げ，購買力を備えた中所得人口の増大，緩やかな競争環境，投資意欲の向上，最近では国内市場の開放など，より魅力的な市場であると考えられている。GMS市場，特にタイおよびCLMV諸国（カンボジア・ラオス・ミャンマー・ベトナム）の市場は，人口と購買力の面で成長が著しい。これらの国々の過去15年間の平均経済成長率は，カンボジア7.78％，ラオス7.29％，ミャンマー9.42％，ベトナム6.52％，そしてタイ4.03％である。CLMV市場において，人々の購買力は過去15年間で5倍以上増加している。より重要なことは，CLMV市場が以前よりもアクセスしやすくなっているということである。ミャンマーは2012年からだが，カンボジア，ラオス，ベトナムは経済自由化政策を1980年代後半から推進してきた[4]。投資環境の改善（例：政治の安定性，改善されたマクロ経済環境，規制緩和）とともに，国内市場の自由化の加速は，特に過去10年間において海外直接投資の流入をもたらしている。越境型の資本移動に対する制限は弱まり，外国資本の参入や外国人所有への制限も緩和されつつあり，外国資本がGMS市場参入の事業展開を考えるには良いタイミングであるといえる。本章では，主に証券取引業，保険業，銀行業を中心に，タイおよびCLMV諸国の金融サービス市場を概観していく。さらに，これらCLMV経済において，銀行が重要な役割を担っているため，GMSにおける外国銀行のプレゼンスについても深く考察していく。

---

3) 大メコン圏（GMS）は，カンボジア，中国の雲南省，広西自治区，ラオス，ミャンマー，タイ，そしてベトナムを含む。この地域は，メコン川によって束ねられた，260万平方キロの広さと3億2600万人の人口を誇る経済地域である（ADB 2017）。本稿では，タイとCLMV市場に主に焦点をあてる。

4) カンボジアの経済自由化は1989年に始まった。ラオスは，1986年に新経済メカニズムが履行された。ベトナムのドイモイ経済改革は1986年に行われた。タイは1980年代前半から，経済を自由化してきた。

Ⅱ GMS市場における金融サービス事業

　GMS諸国，とくにタイとベトナムでは，金融と保険セクターが急速に成長しており，2015年にはGDPに対してそれぞれ7.6％と5.5％を記録した。カンボジアとラオス経済において，金融サービスセクターの貢献は依然として小さいが（GDPに対してそれぞれ2.4％と3.9％），金融と保険セクターの成長は注目に値する。ミャンマーは経済的な孤立期間が長かったため，同国の金融と保険セクターはGDPの0.2％程度である。GMS諸国のAFASへのコミットメントに関する研究では，市場アクセスと国内産業保護に関する規制が，これらの国々の金融サービス産業に依然として存在することを指摘している。残された規制は，主に外国の金融機関がホスト国の監督当局から事業許可をもらうための要件である。全体的に，金融サービスセクターの自由化は，特にCLMV市場において，大きな進歩をみせてきた。

　CLMV市場の証券業は発展の初期段階にある。証券市場（例：債券市場と株式市場）はカンボジア，ラオス，ミャンマーで2010年ごろから創設されている。カンボジア証券取引所（CSX）は，2012年4月に，カンボジア政府が株式の55％を所有し，残りを韓国証券取引所（KRX）が所有することで事業を開始した。2017年6月8日時点で，5つの上場企業の株式が取引されている（プノンペンSEZ，プノンペン自治港，グランド・ツインズ国際（カンボジア），プノンペン水道公社，シハヌークビル自治港）。ラオス証券取引所（LSX）は2010年10月10日に正式にオープンした。2017年5月11日現在，LSXでは5つの上場会社（ラオス外国貿易銀行（BCEL），ラオス電力発電，ラオスワールド，ラオス石油販売，スワンユーホームセンター）の株式が取引されている。GMSで最も新しい株式市場はヤンゴン証券取引所（YSX）である。こ

れは2015年12月9日に，ミャンマー経済銀行が51％，大和総研が30.25％，そして日本取引所グループ（JPX）が18.75％の株式を所有することで発足し，最初の上場企業（ファースト・ミャンマー・インベストメント）の取引を2016年3月25日に開始した。2017年5月11日現在，4企業（ファースト・ミャンマー・インベストメント，ミャンマー市民銀行，ミャンマー・ティラワ・ホールディングス，ファースト・プライベート銀行）がYSXに上場している。

　ベトナムには2つの証券取引所がある。ホーチミン証券取引所（HOSE）は2000年7月20日に正式に業務を開始した。そして，ハノイ証券取引所（HNX）は2005年に業務を開始した。HOSEとHNXで取引されている証券は，株式，投資信託，社債，国債，そして上場投資信託（ETF）である。2017年1月31日現在，HOSEには324社，HNXには380社の上場企業が取引されている。

　タイ証券取引所（SET）は，この地域でもっとも発達しており，1975年4月30日に取引を開始した。SETで取引される証券は，株式，社債，金融派生商品，ミューチュアルファンド，そしてETFである。mai（代替投資市場）は，SETによって中小企業（SMEs）の上場のために設立された。maiは，1999年6月21日にタイのSMEsを支援し，強化するという重要な役割を担って業務を開始した。2017年5月末時点で，526社が上場企業としてSETに，139社がmaiに登録されている。

　図表1はGMS諸国の証券取引所の活動をまとめている。ベトナムの株式市場は高い成長段階にあるが，取引量はタイと日本の株式市場の4分の1でしかない。CLMVの民間の債券（企業社債やコマーシャルペーパー）と投資信託の取引はあまり活発ではない。その理由は金融インフラと証券取引に関連する法的枠組みの開発が遅れているためである。また，CLMVにおける会計基準と監査基準は国際基準に比較すると，依

図表1 GMSにおける証券取引所の状況

	カンボジア	ラオス	ミャンマー	ベトナム		タイ	
	CSX	LSX	YSX	HOSE	HNX	SET	mai
商品	株式	株式	株式	株式, 社債, 投資証書, 上場投資信託（ETF）	株式, 社債, ETF	株式, 債権, デリバティブ, ETF	株式
インデックス	CSX Index	LSX Composite Index	Myanmar Stock Price Index (MYANPIX)	VN Index	HNX Index	SET Index	mai Index
上場企業数	5社（2017年6月8日時点）	5社（2017年5月11日時点）	4社（2017年5月11日時点）	324社（2017年1月31日時点）	380社（2017年1月31日時点）	526社（2017年5月31日時点）	139社（2017年5月31日時点）
時価総額（2015年2月13日時点）	1億4,600万ドル（カンボジアGDPの0.9%に相当）	13億4,700万ドル（ラオスGDPの11.5%に相当）	情報なし	501億2,300万ドル（ベトナムGDPの26.7%に相当）	65億6,200万ドル（ベトナムGDPの3.5%に相当）	4,699億1,600万ドル（タイGDPの123%に相当）	

日本	
GDPに対する国内民間債券残高（2014）	56.52%
GDPに対する株式時価総額（2014）	93.67%
GDPに対するミューチュアルファンド資産（2014）	16.97%
タイ	
GDPに対する国内民間債券残高（2014）	49.09%
GDPに対する株式時価総額（2014）	95.36%
GDPに対するミューチュアルファンド資産（2013）	3.68%
ベトナム	
GDPに対する国内民間債券残高（2014）	0.33%
GDPに対する株式時価総額（2014）	23.14%

（出所）世界銀行（2017），タイ証券取引所（2015）。

然として未熟である。

　CLMVの保険市場はとても小さく，各国のGDPの1％に満たない（図表2参照）。しかしながら，この地域の保険市場の発展に関していくつかの進展がある。特に，カンボジア政府は保険ビジネスの開発計画を前倒ししている。初期の発展段階において，カンボジアはアジア開発銀行（ADB）から，人的資源開発など保険ビジネス発展のために，各種支援を受けていた。カンボジア損害保険協会は2005年7月に設立され，同国は2009年に保険監督者国際機構（IAIS）のメンバーになった。経

36 第2章 タイおよびCLMV市場の金融サービスビジネス

図表2 GMSにおける保険ビジネス

日本	
保険会社数（2015）	94
生命保険契約数（2015）	151,734,782
GDPに対する生命保険の保険料（2014）	7.64%
GDPに対する損害保険の保険料（2014）	1.66%

タイ	
保険会社数（2015）	86
生命保険契約数（2015）	24,896,035
損害保険契約数（2015）	56,007,286
GDPに対する生命保険の保険料（2014）	4.06%
GDPに対する損害保険の保険料（2014）	1.48%

ベトナム	
GDPに対する生命保険の保険料（2013）	0.65%
GDPに対する損害保険の保険料（2013）	0.54%

ラオス	
GDPに対する生命保険の保険料（2014）	0.01%
GDPに対する損害保険の保険料（2014）	0.41%

カンボジア	
保険会社数（2015）	11
生命保険契約数（2015）	48,607
損害保険契約数（2015）	80,650
GDPに対する損害保険の保険料（2014）	0.25%

ミャンマー	
保険会社数（2015）	1
生命保険契約数（2015）	319,647
損害保険契約数（2015）	13,946,089
GDPに対する生命保険の保険料（2010）	0.01%
GDPに対する損害保険の保険料（2010）	0.05%

（出所）IMF（2017b）および世界銀行（2017）からデータ取得。

済財政省保険局からの最新データによれば，2009年にカンボジアでは7つの保険および再保険会社が事業展開している。そのなかでフォルテ保険は正味収入保険料市場の約半分近くの市場シェアをもっており，それにインフィニティ総合保険とカンプ銀行ロンパック保険が続く。

　ラオスの保険ビジネスは競争が穏やかである。2012年12月時点で，ラオスでは6社の保険会社が操業している（AGL（ラオス），チャンパ，ラオス-ベトナム保険，MSIG保険（ラオス），PCTアジア，トコ保険）。ミャンマーの大手保険会社である国営企業のミャンマー保険は1952年

に設立された。その会社は生命保険業からはじまり，後に損害保険分野に進出した。2012年にミャンマーの保険市場の自由化がはじまった。財務省の保険事業監督委員会は，2012年9月5日にライセンス付与対象の12の民間会社を選択した。

ベトナムの保険ビジネスは，2015年の急成長セクターの1つである。人々の所得上昇と保険のベネフィットに対するベトナム市民の関心の高まりは，保険セクターを急成長させた。さらに，ベトナム政府の海外からの投資に対する更なる制限緩和により保険セクターは二桁成長を実現した。ベトナム財務省によれば，保険セクターの保険料収入は2015年に68兆ベトナムドン（約30億ドル）に届き，21.4％増大した。一方で，ベトナムの保険会社の総資産は201兆ドン（約89億ドル）に上り，21.7％成長した（Oxford Business Group 2016）。しかしながら，ベトナムの保険ビジネスの成長は，限られた一定数からきているものであり，非強制加入保険商品の普及率は低いままである。2015年は損害保険が保険販売全体の45％以上を占めている一方で，ベトナム人の民間生命保険の加入率は6～10％となっている。生命保険分野では，現在，100％外国人所有権を認めている。しかしベトナムは，外国人プレイヤーに対して，保険業界の残りを完全に開放する必要がある。ベトナムの保険市場は成長している。より多くのビジネス機会が戦略パートナーとの自由貿易協定に署名をした後に増えている（例えば，環太平洋パートナーシップ協定（TPP），アセアン経済共同体（AEC））。新たな外国企業がベトナム保険市場に参入するチャンスはある。

タイの保険ビジネスはGMSで最も発展している。2010年から2015年までの生命保険および損害保険の契約数の年平均増加率は，それぞれ6.47％と8.9％である。生命保険はタイの保険市場の8割以上を占めており，国内企業が市場シェアのほとんどを占有している。2015年末時

図表3　タイの保険ビジネス（2014年）

	会社数	市場シェア		総資産からみた三大企業
		総資産ベース	正味収入保険料ベース	
生命保険				
国内企業	23	53.83%	68.73%	タイ生命保険 バンコク生命保険 SCB生命保険
外国企業	1	28.13%	13.53%	AIA
生命保険企業総数	24	81.97%	82.26%	
損害保険				
国内企業	54	16.13%	16.85%	ディパヤ保険 ヴィリヤ保険 バンコク保険
外国企業	5	10.57%	5.01%	住友三井保険 ニューハンプシャー保険 ACE INA 海外保険
損害保険企業総数	59	18.03%	17.74%	

（出所）タイ保険委員会事務所（OIC）のデータ（2017）をもとに計算。

点で，タイには86の保険会社があり，それらはタイ金融機関の総資産の8.1％に相当する資産を所有している。図表3は2014年のタイ保険市場の動向を表しており，利用可能な最新データである。AIA（アメリカンインターナショナルアシュアランス）社は，先進的な外国保険企業として，総資産で34.32％，正味収入保険料で16.45％の市場シェアを誇る。三井住友系の現地法人であるMSIG保険は，損害保険ビジネスにおける外国企業として，主導的な地位にある。総資産と正味収入保険料では，それぞれ6.29％，3.12％の市場シェアをもつ。日本の保険業の規模に比べると，GMSの保険業にはまだまだ成長の余地がある。GMS市場の保険業発展の課題は，消費者のリスクマネジメントに対する保険の重要性の理解を高めることと，保険の仕組みや保険商品に関して消費者を教育していくことである。

　GMSの金融市場は，資金の流動性や貸出の配分において重要な役割

を果たす商業銀行を中心に銀行が支配してきた。この地域の経済発展に
足並みをあわせるように，預金と信用供与に関して，CLMVの銀行部
門は持続的に成長している。図表4からわかるように，ベトナムの銀行
部門の預金残高と貸出残高の対GDP比は絶対的に大きい。ベトナムの
銀行業界は，モノバンク制の段階から，銀行やその他金融機関の大規模
な取引ネットワークとなるまでに発展してきた。民間商業銀行や国有銀
行はベトナムの銀行業において，重要なプレイヤーである。政府は，国
有銀行の民営化によって，銀行業務システムの効率性や競争力を向上さ
せるために，過去数十年間にわたり銀行業界の改革を実行してきた。そ
れにもかかわらず，政府は国営銀行の経営権を所有しており，少なくと
も65％の所有権を残している。銀行，信用組合，金融会社に関する
1990年法に従い，ベトナム国立銀行（SBV）は，中央銀行の機能を分
けて，経済の異なるセグメントに照準を定めている，新設の4つの国営
商業銀行に銀行業務を分割した。中央銀行の工業および商業の貸出部門
は，ベトナム工商銀行（Vietinbank），農業部門は農業及び地域開発銀
行，国際貿易部門はベトナム海外取引銀行（Vietcombank），そしてイ
ンフラ開発はベトナム投資開発銀行に編入された。

　ベトナムの銀行改革は主に外部圧力（2001年のアメリカとの貿易協
定の締結や2007年のWTO加盟など）によって動機づけられてきた。
外国銀行の参入に対して，徐々に規制を弱めてきた結果，ベトナムでの
外国銀行のプレゼンスは高められた。ベトナム中央銀行は2008年に初
めて100％外国資本の銀行に操業認可を与えた。2014年1月には単独の
外国人投資家の所有制限が15％から20％に引き上げられた（すべての
外国人投資家の所有割合の上限は30％である）。銀行部門の変革は現在
も続いている。多くの銀行，とくに国内銀行は，過小資本で多くの不良
債権を抱えている。これらの銀行は，依然として多額の不良債権やその

図表4 GMSにおける銀行ビジネス

日本	
商業銀行数（2015）	117
GDPに対する商業銀行の預金残高の割合（2015）	143.33%
GDPに対する商業銀行のローン残高の割合（2015）	102.91%
銀行集中度（2014）	45.65%
外国銀行（企業数）のシェア（2013）	2%

カンボジア	
商業銀行数（2015）	36
GDPに対する商業銀行の預金残高の割合（2015）	58.05%
GDPに対する商業銀行のローン残高の割合（2015）	61.66%
銀行集中度（2013）	54.70%
外国銀行（企業数）のシェア（2013）	61%
外国銀行（資産）のシェア（2012）	59%

ラオス	
商業銀行数（2015）	41
GDPに対する商業銀行の預金残高の割合（2015）	53.87%
GDPに対する商業銀行のローン残高の割合（2015）	48.08%
銀行集中度（2013）	95.29%

ミャンマー	
商業銀行数（2015）	25
GDPに対する商業銀行の預金残高の割合（2015）	26.07%
GDPに対する商業銀行のローン残高の割合（2015）	12.59%
銀行集中度（2014）	100%

ベトナム	
商業銀行数（2015）	43
GDPに対する商業銀行の預金残高の割合（2015）	123.95%
GDPに対する商業銀行のローン残高の割合（2015）	108.32%
銀行集中度（2014）	95.87%
外国銀行（企業数）のシェア（2013）	23%
外国銀行（資産）のシェア（2013）	4%

タイ	
商業銀行数（2015）	31
GDPに対する商業銀行の預金残高の割合（2015）	77.34%
GDPに対する商業銀行のローン残高の割合（2015）	75.49%
銀行集中度（2014）	53.57%
外国銀行（企業数）のシェア（2013）	25%
外国銀行（資産）のシェア（2013）	8%

注：銀行集中度は上位3行の保有資産の割合。
　　外国銀行は，外国人の株式所有が半分，もしくはそれ以上の銀行。
(出所) IMF（2017b），世界銀行（2017）のデータをもとに作成。

他の構造的問題に向けたリストラ問題に直面している。

　ベトナム国立銀行（2016）によれば，2015年時点のベトナムにおい

て，5つの国有商業銀行，33の民間商業銀行，5つの合弁銀行，6つの100％外国所有銀行，50の外国銀行の駐在員事務所が存在している。民間商業銀行は数が多いが，半分近くは，資産と資本の観点で依然として小規模である。2016年6月時点で，（i）国有商業銀行，（ii）民間商業銀行，そして（iii）合弁銀行，外国銀行の100％出資の現地法人，そして外国銀行の支店の総資産による市場シェアは，それぞれ46.73％，40.09％，そして10.54％である。（i）共同組合銀行や（ii）金融・リース会社の資産は，ベトナムの金融システムの中で，それぞれ0.31％と1.25％である。

　ミャンマーは経済孤立が長期間続いたため，銀行部門の規模は比較的小さい。しかし，現在は急速に成長し，特に2011年の国の経済改革の後は顕著である。金融機関は，ミャンマー金融機関法1990（1994年に改定）で管理されている。ミャンマー中央銀行は，金融サービス事業に関連する認可を与える監督省庁である。1992年以降，中央銀行は国内民間銀行とミャンマーに駐在員事務所を構える外国銀行に認可を与えた。2016年9月6日時点で，24の国内民間銀行と4つの国有銀行（ミャンマー外国貿易銀行，ミャンマー投資・商業銀行，ミャンマー経済銀行，ミャンマー農業・開発銀行）が稼動し，10の外国銀行の支店と48の外国銀行の駐在員事務所と金融会社がミャンマーに存在する。10の外国銀行の支店に与えられた認可は，ホールセールライセンスで，コーポレートもしくはホールセール業務に関連する事業に制限される。日本のメガバンク3行（三菱東京UFJ銀行，三井住友銀行，みずほ銀行）は，銀行業務の認可を得た外国銀行10行に含まれている。

　2014年にミャンマーで施行された新しい銀行および金融機関法において，ミャンマーで金融サービスを行うための認可は4カテゴリーに分類される：商業銀行（ミャンマーで法人化された銀行，外国銀行の支店

および子会社など），開発及び投資銀行，金融会社，信用組合などである。

　銀行はカンボジアの経済システムのなかで，重要な役割を担っている。カンボジアの銀行サービスに対する需要は主に預金と事業融資である。しかしながら，その他の金融サービス（例えばクレジットカード，消費者金融，リースなど）は，技術開発とともに急速に発展している。カンボジア国立銀行は，同国のすべての金融機関の許認可，認可取り消し，規制，そして監督を司っている。

　2016年末時点で，カンボジアの銀行業界は，36商業銀行，11専門銀行，7外国銀行駐在員事務所，39マイクロファイナンス機関，38地域開発専門クレジット業者，6リース会社，1信用調査会社，6サードパーティプロセッサー，そして1770の両替業者で構成されている（カンボジア国立銀行2016）。銀行と金融機関は，首都やその他の県の駐在員事務所やオフィスを開設したり，さらに電子決済サービスに加えて，ATMの設置を通じて業務ネットワークの拡張を進めている。

　ラオス中央銀行は，商業銀行法（2007年改定）に基づき，銀行及びノンバンク金融機関の認可，認可取り消し，規制，監督を行う。ラオスの銀行セクターは，国営銀行，合弁銀行，民間銀行，外国銀行の子会社，そして外国銀行支店から成る。国有銀行，合弁銀行，民間銀行，そして外国銀行支店は，2015年末時点で，ラオスの預貯金取扱金融機関全体の総資産において，それぞれ45.70％，10.20％，18.52％，そして25.59％のシェアを占めている（ラオス中央銀行 2016）。国有銀行はさらに預金と貸付で最大のシェアを占めており，金融システムの預金及び貸付の58.44％および47.43％を占めている。民間銀行は，総預金の21.33％と金融市場の総貸付の21.49％のシェアを占めている。外国銀行の支店も預金および信用供与のうえで重要な役割を担っており，ラオ

スの金融市場の総預金の12.34％，総貸付の16.73％を占めている。合弁銀行の役割は限定的で，国の金融システムの総預金の7.88％，そして総貸付の14.35％を占めている。米ドルとタイバーツはラオス経済の重要な役割を担っている。ラオスの商業銀行の預金の半分は外国通貨である。

　タイの銀行事業は，監督当局としてのタイ中央銀行によって，2008年の金融機関事業法に基づいて管理されている。タイの銀行業界は，タイで登録された商業銀行（例：商業銀行，小口金融機関，外国銀行の子会社），外国銀行支店，そして外国銀行の駐在員事務所から構成されている。タイで登録されている商業銀行は，住民からの預金を受け入れ，貸付を行い，外国為替取引に関与，もしくは貸付保証，資金移送，支払い，そしてリスク管理のデリバティブに関係する金融サービスを提供する。小口金融機関は，おもに外国為替，デリバティブ，およびその他の複雑な取引に関連するビジネスを行う上で制限がある個人や中小企業に金融サービスを提供する。タイ中央銀行は小口金融機関が個別の顧客に融資する貸付の拡大の範囲に制限をかけている。外国銀行の子会社は，他のタイ商業銀行のように，銀行業務のすべてを行うことができる。しかしながら，外国銀行子会社の支店やATMの数は，20を超えないように制限が与えられている。外国銀行の支店は，他のタイの商業銀行と同じ範囲で銀行業務が許されている。もし許可を得ることができれば，さらに2店舗の出店が可能になる。外国銀行の駐在員事務所は，居住者からの預金を受け付けることができない。彼等の業務範囲は，海外の親銀行の支援，海外の親銀行とビジネスをする在タイの顧客企業に対する調整，支援，アドバイスのための情報収集（例えば，既存クライアントの財務状況，タイの財政および経済状況）に限定されている。

　タイの銀行サービスの9割は，タイで登録されている商業銀行によっ

44　第2章　タイおよびCLMV市場の金融サービスビジネス

て提供されている。バンコク銀行，サイアム商業銀行，クルンタイ銀行が，総資産，総預金，そして総貸出の観点からタイの3大銀行である。みずほ銀行は外国銀行のフルブランチとしては最大で，タイの金融システムのなかで，総資産の3.09％，総預金の3.06％，総貸出の2.18％を占めている。タイの財務省の監督下には，6つの特別金融機関（SFIs）がある。それは政府住宅銀行，政府貯蓄銀行，タイ農業・農業協同組合銀行，タイ・イスラーム銀行，タイ輸出入銀行，タイ中小企業開発銀行である。

　GMSの銀行セクターの市場構造を分析すると，図表4の銀行集中度に関するデータが示すように，ラオス，ミャンマーの銀行セクターで3つの大手銀行が国内銀行セクターの市場シェアのほとんどすべてを占有し，とても集中度が高い。ベトナムの銀行集中度は，2013年に国営の商業銀行が市場シェアの多くを獲得したため，著しく上昇した[5]（Tran, Ong and Weldon 2015）。一方で，カンボジアおよびタイの銀行セクターは，2012年からタイの銀行セクターが上昇傾向を示すものの，集中度が比較的低い。カンボジアとタイの三大銀行の市場シェアは，それぞれ54.70％と53.57％である。高い銀行集中度は，外国銀行がホスト国の主導銀行との厳しい競争にさらされるため，外国銀行にとって高い参入障壁となる。GMSの外国銀行のプレゼンスに関して，外国銀行の数や彼等の資産規模から見ると，カンボジアにおける外国銀行のプレゼンスは極めて重要である。なぜなら，カンボジアにおける総銀行数に対する外国所有銀行の数の割合，および総銀行資産に対する割合は，それぞれ

---

5) 過去10年間，年成長率33％で急速に信用供与が拡大したのち，ベトナム銀行システムの不良債権（NPLs）問題は，2012年に明らかになった。銀行救済には，銀行の資本増強に対して巨額の政府支援や政府に支援された資産管理会社への銀行貸出の移転をともなった。

45

図表5 GMS諸国における金融サービス事業の法律と監督当局

	法律	監督官庁
I. 証券取引事業		
カンボジア	政府証券法（2006） 非政府証券発行販売法（2007）	カンボジア証券取引委員会 （SECC）
ラオス	証券ならびに証券市場に関する政府法令（2010） 株式発行に関する規制の決定	ラオス証券委員会事務局 （LSCO）
ミャンマー	証券法（2013）	ミャンマー証券取引委員会 （SECM）
ベトナム	証券（取引）法（2006）2011年改正	国家証券委員会（SSC）
タイ	証券取引法（1992）と修正版（1999, 2003, 2008年）	証券取引委員会（SEC）
II. 保険事業		
カンボジア	（カンボジア）保険法（2000）	経済金融省金融産業部 保険部門
ラオス	保険法（2011年修正）	財務省
ミャンマー	保険事業法（1996）	財務省保険事業監督委員会
ベトナム	保険に関わる修正法（2010）	保険監督庁（ISA）
タイ	生命保険法（1992）と修正版 損害保険法（1992）と修正版	タイ保険委員会事務所 （OIC）
III. 銀行事業		
カンボジア	銀行及び金融制度法（1999） 商業銀行許可大臣令（2000） 銀行及び金融機関の条件に関わる大臣令（1997） 銀行及び金融機関のライセンス費用に関わる大臣令 （2004）	カンボジア国立銀行
ラオス	商業銀行法（2007年改定）	ラオス中央銀行
ミャンマー	（ミャンマー）金融機関法（1994年改定） 外貨取引規制（1947） 銀行及び金融機関法（施行準備中）	ミャンマー中央銀行
ベトナム	信用機関法（2010）	ベトナム国立銀行
タイ	金融機関事業法（2008）	タイ中央銀行

（出所）各種資料から作成。

61％と59％に達するからである。外国銀行はベトナムとタイにおいて
プレゼンスが低い。ベトナムにおいて，外国銀行の銀行数および資産の
シェアは23％と4％である。タイでは，外国銀行の銀行数および資産規
模のシェアは25％と8％である。ミャンマーの外国銀行の役割を見積も
ることは極めて時期尚早である。なぜなら，同国は2012年に経済を開

放した後も，依然として銀行セクター全体に対する多くの規制を維持し続けているからである。

図表5は，GMS諸国の金融サービス事業に対する関連法と監督当局を要約したものである。

Ⅲ GMS市場における外国銀行のプレゼンスとネットワーク

金融市場の自由化の進展と外国資本参入制限の緩和は，新興国市場経済への外国銀行の参入を促してきた。外国銀行の参入を制限する政策は依然としていくつかの国に存在するものの，外国銀行の新興国市場への参入は，世界で目にされるようになった。

外国銀行がホスト国に進出する場合，駐在員事務所，子会社，銀行支店のいずれかの形態をとることができる。親銀行が立ち上げる国際銀行業務の形態は，多くの要因に依存する。例えば，ホスト国の外国銀行に対する規制，その事業が期待されている役割，そしてホスト国の銀行業界との競争などである。外国銀行の駐在員事務所はホスト国での銀行プレゼンスに最も関わりが低い形態である。つまり，外国銀行の駐在員事務所は，ホスト国の居住者から預金を受けることができない。彼等の活動は，親銀行の情報収集や親銀行と関係がある本国の顧客にサービスを提供することに限定される。銀行業務が制限されているため，外国銀行の駐在員事務所は，銀行業務全般を行なうことができる事業所に課せられる規制に縛られない。外国銀行は，ホスト国では，子会社もしくは支店を立ち上げたときに限り，銀行業務全般を提供することができる。外国銀行の子会社は，ホスト国で法人化しているが，外国の親銀行によって所有されている。一方で，外国銀行の支店は，ホスト国で，外国銀行のフルサービスを行うオフィスである。ホスト国で法人化している外国

銀行の子会社は，ホスト国の規制のもとで業務する。一方で，外国銀行の支店は，本国とホスト国の両方の銀行規制に従うことが義務化されている。二重銀行規制は外国銀行支店の業務を複雑化させる。しかし，外国銀行支店は外国銀行子会社よりも多く融資ができる。なぜなら，融資限度は親銀行の資本規模に基づいて制限されるが，親銀行は通常巨大な金融機関であるからである。

1. GMSにおける外国銀行のプレゼンスと外国銀行ネットワーク

　図表6は，銀行の出身国によってグルーピングされたGMS市場における外国銀行のプレゼンスを示している。外国銀行のプレゼンスは，GMSにおいても，より発展した国（例えば，タイとベトナム）において，高い傾向がある。

　2011年の経済改革に従い，より多くの銀行認可がミャンマーで事業をする外国銀行に与えられている。2012年以降，ミャンマーの中央銀行は48の外国銀行に対して，駐在員事務所開設のためのライセンスを与えている。この数字には台湾からの11行，韓国からの7行，タイからの4行，インドからの4行が含まれる。2015年には，10の外国銀行にフルブランチ操業の銀行ライセンスが与えられた。これらのなかで，三菱東京UFJ銀行と三井住友銀行は2015年4月に，みずほ銀行は2015年8月に銀行業務の許可を得た。ラオスは小さな市場規模のため，外国銀行のプレゼンスが他のGMS諸国に比べると比較的小さい。とりわけ，ラオスは近隣国との密な経済関係や貿易上の繋がりのために，GMSの銀行を惹きつけている（例：タイから6行，ベトナムから4行，カンボジアから2行）。マレーシアの銀行は，ラオスで6行，カンボジアで5行，ベトナムで6行展開しており，とても活発である。GMS市場における東アジアからの銀行のプレゼンスは，タイ市場における日本の銀行の支

図表6　銀行の出身国別にみたGMSにおける外国銀行のプレゼンス

	GMS	Other ASEAN	East Asia	South Asia	Europe	United States	All foreign banks
■ Cambodia	9	6	15	1	1	0	33
■ Lao PDR	12	6	6	0	0	0	25
■ Myanmar	9	7	25	9	2	0	56
■ Vietnam	6	8	35	2	13	5	75
□ Thailand	1	5	40	2	12	6	67

注：外国銀行のプレゼンスは，ホスト国における外国銀行のすべての形態を含める（例：駐在員事務所，外国銀行支店，外国銀行の子会社）。
（出所）各中央銀行のデータから作成（2016年9月6日時点）

配的なプレゼンスが際立っている。2016年9月6日時点で，タイにある日本の銀行は31行に上る。韓国や台湾の銀行は，中国がGMSに等しく進出している一方で，ベトナムとミャンマーの市場に集中している。シンガポールの銀行は，ベトナム，ミャンマー，そしてタイでのプレゼンスが高い。地理的な近接性や密な貿易関係により，南アジアからの銀行（例えば，インド，バングラデシュ，スリランカ）のプレゼンスは，ミャンマーにおいて傑出している。ミャンマーへの外国銀行の参入に対する規制緩和は，この市場の未開の事業機会を得るためにミャンマーに参入する数多くの外国銀行を誘引する。とりわけ，台湾や韓国の銀行のプレゼンスは突出している。ドイツ，フランス，英国の欧州系銀行が競争に加わろうとしているが，多くの場合，彼らはより発展した市場から

業務を開始する（例えばベトナムやタイ市場）。同様に，米国の銀行は
ベトナムとタイの市場に集中している。一方で，オーストラリアの多国
籍銀行はGMS全体的に強いポジションを抱えている。

　この地域に広がる銀行ネットワークから（図表7参照），オーストラ
リア・ニュージーランド銀行（ANZ）が，子会社もしくは支店という
かたちでGMS諸国でのプレゼンスを高め，強固なネットワークを保持
していることがわかる。タイに本拠地をおくバンコク銀行は，CLMV
諸国に強固な銀行ネットワークを確立している。中国の中国銀行，タイ
のサイアム商業銀行，カシコン銀行，マレーシアのRHB銀行，台湾の
キャセイユナイテッド銀行，第一商業銀行もまた，GMSに広がる銀行
ネットワークを保有している。日本のメガバンク・ネットワーク（三菱
東京UFJ銀行，三井住友銀行，みずほ銀行）は，ラオスを除いて，
GMSにおいて確実に根付いている。マルハンジャパン銀行（現サタパ
ナ銀行）は，後発GMS国（カンボジア，ラオス，ミャンマー）に銀行
ネットワークを組み込む先駆的な銀行である。少なくとも3つ以上の
GMS諸国に展開する多国籍銀行を考察すると，日本の銀行，台湾の銀
行，そして韓国の銀行がGMSに強いプレゼンスを示している。ミャン
マー市場では，外国銀行は駐在員事務所を開く程度の関与ではあるもの
の，ミャンマー市場に特別の関心を示している。一方で，多くの外国銀
行は高いレベルでの銀行業務の関与（例：外国銀行支店の出店もしくは
外国銀行子会社の設立）でベトナム市場に参入している。

2. GMS市場における日本の銀行のプレゼンスとネットワーク

　日本の銀行の国際化は，主に，急速な経済発展，金融規制撤廃，日本
の製造業の巨額の海外直接投資などに刺激され，1980年代はじめに著
しく増加した。1990年代に日本の銀行は国際銀行業務を支配していた。

50 第2章 タイおよびCLMV市場の金融サービスビジネス

図表7 GMSの外国銀行ネットワーク

	拠点国	C	L	M	V	T
オーストラリア・ニュージーランド銀行	オーストラリア	S	S	B	S	S
バンコク銀行	タイ	B	B	B	B	H
中国銀行	中国	B	B	O	B	S
サイアム商業銀行	タイ	S	B	O	O	H
RHB銀行	マレーシア	S	S	O	O	B
キャセイユナイテッド銀行	台湾	B	B	O	B	O
第一銀行	台湾	B	B	O	B	O
カシコン銀行	タイ	O	S	O	O	H
中国工商銀行	中国	B	B	B	B	
メイバンク	マレーシア	B	B	B	B	
三菱東京UFJ銀行	日本	O		B	B	B
みずほ銀行	日本	O		B	B	B
三井住友銀行	日本	O		B	B	B
CIMB銀行	マレーシア	B	B	O		S
クルンタイ銀行	タイ	B	B	O		H
スタンダードチャータード銀行	イギリス	O		O	S	S
マルハンジャパン銀行（現サタパナ銀行）	日本	S	B	O		
中小企業銀行	韓国	O		O	B	
国民銀行	韓国	B		O	B	
韓国産業銀行	韓国			O	O	O
SBJ銀行	韓国	S		O	S	
中国信託商業銀行	台湾			O	B	O
兆豊国際商業銀行	台湾	B		O		S
DBS銀行	シンガポール			O	B	O
OCBC銀行	シンガポール			B	B	B
UOB銀行	シンガポール			B	B	S
インド銀行	インド	B		O	O	

注：O，S，B，Hは駐在員事務所，銀行子会社，銀行支店，本国を表しており，C，L，
　　M，V，Tはカンボジア，ラオス，ミャンマー，ベトナム，タイを意味している。
（出所）各中央銀行のデータをもとに作成（2016年9月6日時点）。

しかし，景気後退と不良債権問題に見舞われた数十年間で，国際市場に
おける日本の銀行の重要性は著しく低下した。図表8の分析は，いくつ
かの興味深い事実を示している。

図表8　GMSにおける日本の銀行のプレゼンスとネットワーク

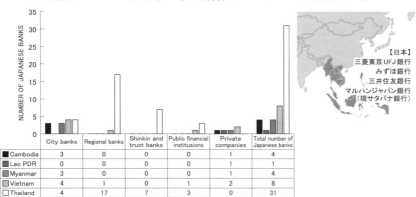

【日本】
三菱東京UFJ銀行
みずほ銀行
三井住友銀行
マルハンジャパン銀行
（現サタパナ銀行）

	Cambodia	Lao PDR	Myanmar	Vietnam	Thailand
City banks	3	0	3	4	4
Regional banks	0	0	0	1	17
Shinkin and trust banks	0	0	0	0	7
Public financial instituions	0	0	0	1	3
Private companies	1	1	1	2	0
Total number of Japanese banks	4	1	4	8	31

	銀行のタイプ	C	L	M	V	T
三菱東京UFJ銀行	都市銀行	O		B	B	B
みずほ銀行	都市銀行	O		B	B	B
三井住友銀行	都市銀行	O		B	B	B
りそな銀行	都市銀行				O	O
国際協力銀行（JBIC）	株式会社国際協力銀行法に基づく特殊会社				O	O
日本政策金融公庫	株式会社日本政策金融公庫法に基づいて設立された財務省所管の特殊会社					O
商工組合中央金庫	株式会社商工組合中央金庫法に基づく特殊会社					O
福岡銀行	地方銀行					O
京都銀行	地方銀行					O
横浜銀行	地方銀行					O
千葉銀行	地方銀行					O
中国銀行	地方銀行					O
福井銀行	地方銀行					O
群馬銀行	地方銀行					O
八十二銀行	地方銀行					O
広島銀行	地方銀行					O
北陸銀行	地方銀行					O
北都銀行	地方銀行					O
百五銀行	地方銀行					O
十六銀行	地方銀行					O

大垣共立銀行	地方銀行				O	O
山陰合同銀行	地方銀行					O
滋賀銀行	地方銀行					O
北洋銀行	地方銀行Ⅱ					O
岐阜信用金庫	信用金庫					O
浜松信用金庫	信用金庫					O
碧海信用金庫	信用金庫					O
岡崎信用金庫	信用金庫					O
瀬戸信用金庫	信用金庫					O
信金中央金庫	信用金庫					O
三井住友信託銀行	信託銀行					S
アコム株式会社	三菱UFJフィナンシャル・グループ				O	
三菱UFJリース株式会社	三菱UFJフィナンシャル・グループ				O	
株式会社マルハン	民間企業	S	B	O		
GMSに進出する日系銀行		4	1	4	8	31

注1：O，S，Bは駐在員事務所，銀行子会社，銀行支店を意味している。C，L，M，V，Tはカンボジア，ラオス，ミャンマー，ベトナム，タイを表している。

注2：銀行のタイプは，日本の金融サービス機関のリストに基づいている（2016年7月1日時点）。http://www.fsa.go.jp/en/regulated/licensed

注3：日本銀行協会（2016）によれば，商工中金は，現在民営化への移行期なので，公的金融機関に分類される。民営化計画は，2017～2019年のうちに完了する予定である。

（出所）各中央銀行のデータをもとに作成（2016年9月6日時点）。

　はじめに，日本の三大金融コングロマリット（三菱東京UFJ銀行，三井住友銀行，みずほ銀行）は，ラオスを除くGMSのすべての国において強力なネットワークをもっている。ラオスの金融市場でのプレゼンスの低さは主として以下の理由による：（1）ラオス経済の規模が小さいこと（例えば，2016年のラオスGDPは138億ドル。日本は4兆9386億ドル），（2）日本企業の数が少ないこと（日本人商工会議所によると，ラオスの日本企業の数は81社（2016年6月時点）），（3）日本とラオスの貿易量が少ない（例えば，アジア開発銀行によれば，2016年のラオスから日本への輸出は8800万ドルで，日本からの輸入は1億1510万ドル）。現在の日本とラオスの貿易や投資規模はそれほど大きくないが，ラオス市場は将来，日本にとって，より重要になってくると見込まれて

いる。アセアン経済共同体（AEC）が2015年末に開始し，日本の実業界がラオスを「チャイナプラスワン」，「タイプラスワン」，「ベトナムプラスワン」の一部としてとらえることが増えてきた。ラオスにおけるインフラおよび法制度の改善，賃金体系や電力コストの競争の高まり，安定的な政治状況の実現は，日本企業のラオス投資をさらに誘引するだろう。ラオスの金融市場に参入する日本の銀行のインセンティブは，近年増加している。日本で娯楽施設やレジャー産業を営むマルハン・コーポレーションは，マルハンジャパン銀行（現サタパナ銀行）をカンボジアに立上げ，それに続いて銀行ビジネスをラオスとミャンマーに拡大した。この事実は，GMS後発国における銀行ビジネスの魅力が増大していることを示唆している。

　次に，タイにおける日本の銀行のプレゼンスは突出している。4つの日本の金融コングロマリット（三菱東京UFJ銀行，三井住友銀行，みずほ銀行，りそな銀行）は，タイにプレゼンスを持つ。興味深いことに，17地方銀行，6信用金庫，3公的金融機関（国際協力銀行（JBIC），日本政策金融公庫（JFC），商工中金），1信託銀行がタイに事務所を開設している。タイにおける日本の銀行の支配的なプレゼンスは，主にタイと日本の強力な貿易や投資のつながりに起因している。日本はタイにとって3番目に大きな輸出先であり，2015年には輸出額が197.7億ドルにのぼり，全体の9％を占めた。2015年，日本はタイの輸入先として2番目に大きく，金額にして311億2900万ドルに上った。これはタイ全体の輸入額の15％を占める。日本人商工会議所の統計によると，2016年6月時点で，タイには1716社の会員企業がいる。日本の銀行のGMS市場におけるプレゼンスは，この地域における国々との日本の貿易と投資の成長や繁栄に沿って増大することが期待されている。AECのはじまりが，日本企業がGMSにおいて，「タイプラスワン」戦略を履行す

54　第2章　タイおよびCLMV市場の金融サービスビジネス

る可能性を高めている。タイに対する日本の銀行の国際化は，とくに地方銀行の場合，GMSにおける貿易と投資が拡大する次のブームが訪れる前に事業拠点を確立させるための試みである。

　最後に，三菱UFJフィナンシャルグループは，三菱東京UFJ銀行，アコム，そして三菱UFJリース＆ファイナンスを経営するベトナム市場においてとても活発である。政府系金融機関の国際協力銀行（JBIC）はベトナムとタイに駐在員事務所を構えている。地方銀行のなかでも，岐阜県の大垣共立銀行はベトナムとタイに駐在員事務所をもち，非常に活発である。

3. GMS市場におけるローカル銀行のネットワーク

　図表9にみられるように，ベトナムとタイの銀行が競い合いながら，ラオス，カンボジア，ミャンマーにおいて支配的なプレゼンスを示している。タイの巨大銀行（バンコク銀行，サイアム商業銀行，カシコン銀行）は，CLMV市場においてプレゼンスを示しながら，強固なネットワークを構築している。タイの銀行はベトナム市場に順調に進出しているものの，タイ市場にはベトナムの銀行の進出は見られない。GMS発の銀行で唯一タイに進出しているのは，タイにいる自社の顧客をサポートするため設立されたラオスのポンサワナ銀行である[6]。カンボジアのアクレダ銀行は，ラオスとミャンマーに銀行ネットワークを組み込んでいる。

　タイの金融サービスは，GMSにおいて最も進んでいる。タイの銀行

6）アジア開発銀行（2016）の統計によれば，タイは輸出と輸入の両面において，ラオスの重要な貿易パートナーである。2015年のラオスからタイへの輸出量ならびにタイからの輸入量は，ラオスのGDPに対して，それぞれ13億3150万ドル（10.76％）と45億8630万ドル（37.08％）である。

図表9 GMS市場におけるローカル銀行ネットワーク

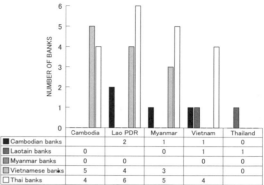

		Cambodia	Lao PDR	Myanmar	Vietnam	Thailand
■ Cambodian banks			2	1	1	0
■ Laotain banks		0		0	1	1
■ Myanmar banks		0	0		0	0
□ Vietnamese banks		5	4	3		0
□ Thai banks		4	6	5	4	

	拠点国	C	L	M	V	T
アクレダ銀行	カンボジア		S	O		
カンボジア投資開発銀行	カンボジア				B	
カナディア銀行	カンボジア			S		
ポンサワン銀行	ラオス				O	O
軍隊商業銀行	ベトナム	B	B			
サコム銀行	ベトナム	B	S			
サイゴンハノイ銀行	ベトナム	B	S			
ベトナム投資開発銀行	ベトナム	O		B		
ベトナム工商銀行（Vietinbank）	ベトナム		S	O		
ベトナム農業農村開発銀行（Agribank）	ベトナム	B				
ホーチミン市開発商業銀行	ベトナム			O		
バンコク銀行	タイ	B	B	B	B	
サイアム商業銀行	タイ	S	B	O	B	
カシコン銀行	タイ	O	S	O	O	
クルンタイ銀行	タイ	B	B	O		
アユタヤ銀行	タイ		B	O		
TMB銀行	タイ			B		
JCB	タイ				O	
GMSにおけるGMS出身銀行の数		9	12	9	6	1

注：O，S，Bは駐在員事務所，銀行子会社，銀行支店を意味している。C，L，M，V，Tは，カンボジア，ラオス，ミャンマー，ベトナム，タイを表している。
（出所）各中央銀行のデータをもとに作成（2016年9月6日現在）。

は，後発のGMS金融市場で高い競争力を発揮するため，知識と情報（例：カスタマーリレーションシップやビジネスネットワーク）を蓄積し，より高度な技能を備えた人材，先進的な銀行業務の技術，そして本国での大規模な資本と預金ベースを有している[7]。外国銀行参入に関する規制緩和の進行によって，タイの銀行は成長著しい未開発のCLMV市場において，金融サービスを提供することによって，ビジネスチャンスを得るためにCLMV市場に参入している。三大銀行（バンコク銀行，サイアム商業銀行，カシコン銀行）は，GMSにおいて，強固な銀行ネットワークをもち，さらにすべてのGMS諸国においてプレゼンスを高めているため，もっとも積極的である。クルンタイ銀行は，CLMで銀行ネットワークをもっている。さらに，タイの銀行はラオス，ミャンマーでも圧倒的なプレゼンスを誇っている。バンコク銀行は，2015年6月にミャンマーでフルブランチをオープンさせるために銀行業務のライセンスを与えられた。サイアム商業銀行とクルンタイ銀行は，2012年12月にミャンマーに駐在員事務所を開くためのライセンスを受けた。一方で，カシコン銀行とアユタヤ銀行は2013年1月，2014年3月にそれぞれミャンマーで駐在員事務所を開くための許可を得た。

　カンボジア，ラオス，ミャンマーでは，ベトナムの銀行が非常に活発である。民間銀行がもっとも活発なタイとは違い，GMS諸国に参入するベトナム銀行の大部分は国営銀行である。具体的には，ベトナム投資開発銀行は，カンボジアとミャンマーにプレゼンスがある。ベトナム工商銀行（Vietinbank）は，ラオスとミャンマーに法人を設立している。

---

7) アセアンのコミットメントの元では，すべてのASEAN諸国にある外国銀行は，いかなるポジションに人数の制限もなく，ASEAN市民を雇い入れることが認められている（ASEAN 2017）。アセアンのコミットメントは，GMS後進国の金融サービス事業における熟練スタッフの欠如問題を緩和するかもしれない。

ベトナム農業農村開発銀行（Agribank）は，カンボジアに支店を開い
ている。

IV まとめ

　GMSの金融サービス事業（証券取引や保険業務，銀行業務など）は，
大きな可能性と明るい展望を有している。経済開発の進展と中間層人口
の増大によって，GMS市場，とりわけ未開のCLMV市場は，外国企業
参入の事業機会を提供するだろう。

　アセアン経済共同体とサービス取引のさらなる自由化の結果として，
地域市場の統合の進展は，GMS市場に対して，より多くの外国の金融
サービス業者をひきつけるだろう。GMSでの経済のファンダメンタル
や，各国の発展水準が大きく異なるため，金融サービス業界における外
国企業は，GMS先発国（タイ，ベトナム）に参入することを考えるか
もしれない。

　この地域での経験年数，ビジネスネットワークや顧客基盤の構築を通
じて，彼らは将来，GMS後発国に対して，事業を展開することができ
る。CLMV市場において，消費者が先進的な金融商品やサービス，貯
蓄，投資，リスク管理の利用，そしてさらに今後発展していくであろう
金融インフラ（決済システム，ルールと規則，会計基準）や金融サービ
ス業界で働く人々のことを学び，それらに慣れ親しむには少し時間がか
かるだろう。

　これらのすべての課題にも関わらず，CLMV市場における金融サー
ビスに関するビジネスチャンスはとても大きい。思慮深く且つ，効果的
な戦略は，競合相手よりもさきに競争優位に立ち，GMS市場への事業
拡張を有益なものとするだろう。

58   第2章　タイおよびCLMV市場の金融サービスビジネス

【参考文献・資料】

Association of Southeast Asian Nations (ASEAN) (2017) *Protocol to Implement the Seventh Package of Commitments on Financial Services under the ASEAN Framework Agreement on Services*.（http://asean.org/storage/2012/05/Protocol-to-Implement-the-7th-Package-of-Commitments-on-Financial-Services-under-the-AFAS.pdf (Accessed on April 1, 2017)）

Asian Development Bank (ADB) (2016) *Key Indicators for Asia and the Pacific 2016*. Manila: Asian Development Bank.（www.adb.org/statistics (Retrieved on November 22, 2016)）

Asian Development Bank (ADB) (2017) *Greater Mekong Subregion (GMS)*.（http://www.adb.org/countries/gms/ main (accessed on June 9, 2017)）

Bank of the Lao PDR (2016).（http://www.bol.gov.la (Accessed on September 6, 2016)）

Central Bank of Myanmar (2016).（http://www.cbm.gov.mm (Accessed on September 6, 2016)）

International Monetary Fund (IMF) (2017a) *Asia's Dynamic Economies Continue to Lead Global Growth*.（http://www.imf.org/en/News/Articles/2017/05/08/NA050917-Asia-Dynamic-Economies-Continue-to-Lead-Global-Growth?cid=em-COM-123-35188 (Accessed on May 9, 2017)）

International Monetary Fund (IMF) (2017b) *Financial Access Survey*. Washington D.C.: International, Monetary Fund.（http://data.imf.org (Retrieved on May 10, 2017)）

National Bank of Cambodia (2016).（http://www.nbc.org.kh (Accessed on September 6, 2016)）

Office of Insurance Commission, Thailand (2017).（http://www.oic.or.th (Accessed on April 30, 2017)）

Oxford Business Group (2016) *Vietnam's insurance industry set for further expansion*.（http://www.oxfordbusinessgroup.com/news/vietnam% E2% 80% 99s-insurance-industry-set-further-expansion (Accessed on 31 January 2016)）

State Bank of Vietnam (2016).（http://www.sbv.gov.vn (Accessed on September 6, 2016)）

Stock Exchange of Thailand (SET) (2015) *"CLMV" Economy and Financial Market Study*. (www.set.or.th/en/gms_exchanges/file/CLMV_economy_and_financial_market.pdf (Accessed on January 4, 2017))

Stock Exchange of Thailand (SET) (2017) *Monthly Market Statistics April 2017*. (https://www.set.or.th/en/market/market_statistics.html (Accessed on May 11, 2017))

Tran, B.T., Ong, B. and S. Weldon (2015) *Vietnam Banking Industry Report*. Singapore: Duxton Asset Management.

United Nations Conference on Trade and Development, UNCTAD. (2016). *World Investment Report 2016: Investor Nationality and Policy Challenges*. Geneva: United Nations.

World Bank (2017) *Global Financial Development Database (GFDD), updated June 2016*, Washington D.C.: World Bank. (https://www.worldbank.org/en/publication/gfdr/data/global-financial-development-database (Retrieved on April 6, 2017))

World Trade Organization (WTO) (2016). (https://www.wto.org (Accessed on September 16, 2016))

ジッティマ・トングライ

第3章

タイのセブン-イレブンとチャロン・ポカパン・グループの戦略

I はじめに

　タイ国市場に進出する日本企業を対象にマーケティングのアプローチでこれまでに研究を進めてきた。当初は，日本で成功したモデルをどのようにしたらタイの市場へ最適な形で適応できるかといった問題意識が強かった。このアプローチの前提は日本で確立した商品や企業システムの延長線上での考察であった。すなわち，日本に正解があるので新市場である程度修正すれば成果が出ることを前提とした考察であった。

　しかし，2014年から2017年までの4年間で多くの日本企業を対象とした調査を実施して検討を重ねてきた結果，日本企業の視点からだけでは見失いがちな現地のパートナー企業の戦略があることが分かってきた。新興国への進出企業が成功するためには現地のパートナーの選定が重要であることがよくいわれている。しかし，現地のパートナー企業は主体的な戦略をもって活動しているので，将来は日本企業との契約を解消することもリスクとして存在する。さらに，近い将来グローバル市場で最大のライバルになる可能性がある。

　日本企業の視点では，自分たちが新市場で受け入れられるに違いない商品（ブランド）と利益を上げられる進んだ企業システムをもっているとの自負心がある。進出企業はその立場から進出国で標準化/適応化（現地化）をするという考え方が強いであろう。一方で，視点を変えると，新興国のパートナー企業は貪欲に日本企業の商品や企業システムを吸収しながらも，それを乗り越えて新しい自らのビジネスを自らの力で構築しようとしている。新興国のパートナー企業は世界有数の財閥系の大きなパワーを背景にした戦略で，日本企業の現地経営者が限定的な権限と責任の範囲で運営するやり方では太刀打ちできない凄味がある。

　新興国の消費者の視点では，現地には伝統的な価値観やライフスタイ

ルが確固として存在して，欧米をはじめとする豊富な情報や提案が溢れている。新興国の市場では日本企業が提案する商品は多くの選択肢の一部でしかない。経済力がなくて所得や生活水準がまだ低いから，要するに価格が高いので売れないという議論があるが，新興国市場で売れない第一の原因は必要性や魅力がないからであった。調査の結果，日本の暮らしが進んでいるから新興国はあこがれているが高すぎて買うことができないのではなかった。日本企業の提案は欧米諸国に比べて魅力が少ないのである。2014年2月にチュラロンコーン大学サシン経営大学院の院生に対して実施した車のインタビュー調査から圧倒的に人気が高かったのはドイツの自動車であった。また，ファッションで恰好いいと思う国は韓国だったことは衝撃的であった。

　そこで，本著の主題は『新興国ビジネスと日本企業：アジア市場を中心として』であることから，日本企業がタイ市場で実施するビジネス活動を現地のパートナー企業がどのように消化して独自の視点で新しいビジネスに活かしていこうとしているのかについて調査から得られた知見を提示する。これは，現地企業による日本商品や企業システムの現地化である。そして，新たな『新興国ビジネスと日本企業』との関係において重要な視点について若干の考察をしてみたい。結論から述べると，日本企業は現地市場やパートナー企業と一緒に市場を新しく創造する（価値共創）視点が重要であることを示したいと考えている。

　本章で，主に採用する事例は流通企業の日系コンビニ・チェーンのセブン–イレブンとタイでのエリアフランチャイズ契約を締結しているチャロン・ポカパン・グループ（以下：CPグループ）である。

Ⅱ タイの小売市場

　近年，タイの都心部では近代的なショッピングセンターの開発や組織
小売業の展開が積極的におこなわれている。タイの小売市場はハイパー
マーケット（HM：以下ハイパー），コンビニエンスストア（CVS：以
下コンビニ），食品スーパーマーケット（SM：以下食品スーパー）な
どの業態店の出店が拡大傾向にある。しかし，一方で，依然として都市
部以外ではタラートや個人商店が顧客の支持を圧倒的に獲得している。
また，バンコク市内の道路沿いには多数の屋台や小売店が出店をしてい
る。

　ハイパーは欧州で開発された低価格で生活必要品のワンストッピン
グ・ショッピングが可能な業態である。ハイパーは物流・配送センター
を自ら管理することや，消費地の市場を通さず製造者や生産地市場から
商品を直接仕入れる場合が多く，効率的な物流システムや直接大量の仕
入れシステムなどの開発により便利かつ低価格販売を実現している。都
会の生活者は，伝統的流通のタラートや個人商店と近代的な業態店のハ
イパー，コンビニを中心に日常生活に必要な商品を購入している。

　現在，タイのハイパーはテスコロータスとビッグＣの２大勢力の寡占
状態である。日本市場はかつてGMS（ゼネラル・マーチャンダイズ・
ストア）と呼ばれる日本型スーパーが躍進した時期があった。日本型と
命名された経緯はアメリカで非食品を扱う大型店のGMSの模倣であっ
たが日本では食品を品揃えしたからである。かつて，タイ市場にはフラ
ンスのカルフールも進出していたが，本国が不振のために2010年にタ
イ事業を同業者のビッグＣに売却して撤退した。ハイパーは広大な駐車
場があり食品，日用雑貨，衣料品，家電など生活に必要な商品を低価格
でワンストップ・ショッピングできるディスカウント型の業態であるこ

とから人気がある。歴史的にインドやASEAN諸国は欧州の影響を強く受けてきた地域である。ハイパーは欧州で開発され発達した業態であることがタイ市場で定着した大きな理由と考えられる。

タラートや欧州文化の強い影響のためか，米国や日本で業態開発されて発展した食品スーパー，ホームセンター，ドラッグストアはハイパーほど定着していないようだ。バンコクではセントラル・グループが運営するトップスマーケットが多い。最近ではテスコの小型店や日本人相手のフジスーパーマーケット，外国人や高級志向のヴィラ・マーケット，イオン・グループが展開するマックスバリューなどが店舗展開している。

ASEAN市場の日本企業ではイオン・グループがアジアシフトを急速に高めている。イオンはASEAN市場において1985年10月にマレーシアに一号店を開設した。イオンタイランドは1984年に設立され1985年12月に1号店を開設した。イオンタイランドはマレーシアと同じ様に成長したが，通貨危機時にSC事業を撤廃，SM事業に特化した経緯がある。バンコク都心部は経費が高く立地が限定的なことから低価格品の販売では利益が出ないため上質化小型SMに集中している。イオンタイランドは食品スーパーが30店舗，都心型でタンジャイ（エクスプレス）と呼ぶ食品のミニ・スーパーを45店舗合計75店舗展開している（2016年8月末時点）。しかし，現地の生活者はアメリカ市場や日本市場で確固たる地位を築いた食品スーパーを利用することが少ないのが現状である。

タイの小売市場はセントラル・グループ，CPグループ，モール・グループの3大グループの激しい競争下である。特に，セントラル・グ

ループはASEAN，タイ最大の流通グループである[1]。

Ⅲ　タイ市場のセブン−イレブン

1. ASEAN市場での日系コンビニ・チェーンの現状

　日本市場での成長が低下したコンビニ・チェーン各社はASEAN市場をこれからの成長市場と位置づけて積極的に出店をしている。2016年11月末の日系コンビニ・チェーンの上位4社のASEAN各国での店舗数合計は図表1の15,989店舗で一位のタイが全体の66.2％を占めている。

　コンビニの運営には商品開発，商品供給システム，在庫管理や受発注の店舗オペレーションシステムに加えて，物流システムの整備，さらに出店物件の情報収集などの不動産デベロッパー業務の役割が重要である。したがって，コンビニ企業がASEANに進出する場合，進出国における事業パートナーの選定が大きく成否を分けることになる。タイ進出の日系コンビニ・チェーンの現地パートナー企業はセブン−イレブンがCPグループの中核企業のCPオール（上場企業）である。ローソンは2012年にタイ消費財大手サハ・グループの傘下企業のサハパタナピブン（SPC）と提携している[2]。会社名は「Saha Lawson サハ・ローソン」（資本金7,000万B）で，サハ・グループ企業が50％出資，ローソンが

---

1) セントラル・グループは中国海南島出身のジラティワット家が1947年にタイで創業した一大流通グループで百貨店のセントラル，ロビンソン，食品スーパーのトップス，ホテル，外食チェーンなどを傘下に所有している。モール・グループはザ・モール・デパート・チェーンの他エンポリアム，サイアムパラゴンなどを運営している（http://www.newsclip.be/category/business/）。

2) 1942年に創業者のティアム・チョクワタナーが立ち上げた消費企業グループのサハ・グループの上場企業のサハ・パタナと提携をしている。サハ・グループはタイ国内を中心に300以上の関連会社を抱えタイ国内において日本企業との合弁を積極的に進めていている。提携先はワコール，イトキン，ライオン，資生堂，ツルハ，ダイソーなど，消費財，ファッションや化粧品・ドラッグストア関連企業が多い。

図表1　日系コンビニ・チェーンの上位4社のASEAN各国での店舗数
（2016年11月末）

	タイ	シンガポール	マレーシア	インドネシア	フィリピン	ベトナム	合計
セブン-イレブン	9,411	431	2,057	166	1,840		13,905
ローソン	47			38	16		101
ファミリーマート	1,126		1	73	98	120	1,418
ミニストップ					500	65	565
合計	10,584	431	2,058	277	2,454	185	15,989

（出所）2016年度11月末各社のHPより筆者作成。

49％出資，三菱商事系が1％出資した（日本経済新聞2012年11月7日）。現在，サハ・グループがタイで展開する自社コンビニ「108 Shop」およそ500店舗を「Lawson 108」にブランド変更しているが，2017年度2月末では85店舗に留まっていて計画通りではなさそうだ。

　ファミリーマートは2012年9月にタイの流通最大手，セントラル・グループと戦略提携すると正式発表した。現地のコンビニ運営子会社，サイアム・ファミリーマート（バンコク）の株式50.3％を，セントラルのグループ会社に売却する。セントラルが持つ物流網などを活用して2016年末までに現在の倍にあたる1500店体制を目指す計画を打ち出した。しかし，11月末では1126店である（図表1）。

　ファミリーマートは比較的早い時期から新興国への進出を開始している。しかし，2014年3月にファミリーマートの成功国の韓国から撤退に追い込まれた。ファミリーマートは1990年にサムスン財閥系列の晋光グループ（現・BGFリテール）とフランチャイズ（FC）契約を結び，韓国全土に「ファミリーマート」7900店以上を展開していた。しかし，2012年には晋光との契約変更で店名が「CUウィズ・ファミリーマート」となり，最終的に完全撤退に至った経緯がある。セブン-イレブンはインドネシアの中堅財閥，モダン・インドネシアと提携して事業展開をしていたが，2017年6月末をもってすべて閉店となっている。この

図表2　日系コンビニ・チェーンのタイの事業パートナー

コンビニ名	パートナー企業・グループ	株式公開
セブン-イレブン	CPオール	上場
ローソン	サハ・パタナ	上場
ファミリーマート	セントラル・リテール・フード・グループ	非

（出所）筆者作成。

ように，コンビニのアジアでの事業展開を見てみるとタイのセブン-イレブンは数少ない成功事例だと見ることができる。

2. タイ市場のセブン-イレブン

　2017年6月末のタイのセブン-イレブンは10,007店舗である。タイのセブン-イレブンは2008年に4,402店舗でアメリカ，台湾に続く世界第4位であった。その後227.3％の伸びで，現在は，日本の19,588に次ぐ世界第二位の店舗数まで発展した（図表3）。

　バンコク中心部にはすぐ食べられる商品を提供する焼き鳥，麺類などの屋台が多く軒を連ねているが隣接する場所にコンビニが営業している。このようにコンビニと屋台とは共存関係にあり，例えば屋台が販売する原材料をコンビニが供給する。また，屋台で温かい総菜を購入した顧客は菓子や飲料などを隣接するコンビニで購入する。このように，タイでは伝統的流通が強いが，それでも都市部ではコンビニの売上高が急激に伸びている。コンビニは伝統的流通とは違い，時間，立地，便利を基本に新たなマーケットを創造する戦略である。セブン-イレブンはライセンス権を与えられた運営会社が各国・地域で独自に事業を展開しておりそれぞれが独自の進化を遂げてきたことから日本と同じ品揃えやサービスではない。例えば，日本と同様に公共料金支払いや宅配便の受け付けなどのサービスに加えて，弁当の強化，いれたてコーヒーや焼き立てパンを提供するカフェ化が推進されている。一方で，タイ独自の

図表3　セブン−イレブンの国別状況

		2017年6月末	2014年3月末	2008年3月末	2008年対比
①	日本	19,588	16,385	12,002	163.2
②	タイ	10,007	7,651	4,402	227.3
③	韓国	8,943	7,000	1,802	496.3
④	アメリカ	8,454	8,163	6,243	135.4
⑤	台湾	5,161	4,966	4,770	108.2
⑥	中国	2,377	2,010	1,381	172.1
⑦	マレーシア	2,186	1,581	909	240.5
⑧	フィリピン	2,087	1,049	318	656.3
⑨	メキシコ	1,868	1,699	826	226.2
⑩	オーストラリア	660	596	363	181.8

（出所）㈱セブン−イレブン・ジャパンホームページをもとに筆者作成。

サービスとして航空券の予約・販売もおこなっている。

　J氏によると近年，CPは日本のセブン−イレブンのノウハウを積極的に取り入れている[3]。これからタイの市場は新規参入が増えて競争が厳しくなる。日本のコンビニはこれまで各社厳しい競争を潜り抜けてきた経緯がある。特に，日本はチルドや総菜の品揃えが増えている。また，日本では流通近代化の進展で半世紀位の時間を経て商店街などの個人商店などが消失した。現状のタイ市場では個人店や屋台は元気に残っており，近代的な業態店も個人店や屋台と共存している。流通大手のセントラル・グループさえも最近まで冷凍商品だけしか品揃えできなかった。鮮度維持のためにはチルド物流網の整備が重要であり，運営会社のCPオールは弁当などの需要拡大を受けて物流センターの整備を急いでいる。このようなインフラの整備や事業の拡大にはCPグループの財閥の力が不可欠である。

3）調査は2014年8月6日にC.P. MERCHANDISING CO., LTDにおいて約2時間実施した。インタビュイーはAssistant Vice President Country Strategic Asia-CP BrandのJ氏である。インタビューは半構造化インタビュー形式を採用した。さらに，同氏から2017年8月21日にチュラロンコーン大学サシン経営大学院で話を聞いた。

3. タイの生活者へのインタビュー調査

　21世紀に入りタイ経済は発展しタイ人の所得も向上した。特にバンコク都心部では会社勤めに出る人が増加しライフスタイルが大きく変化した。タイでは惣菜など調理済みの食料を買って家で食べるという中食の文化が一般的に根付いている。また，フルタイムの仕事を持つ女性が多いこと，渋滞が著しく通勤に時間がかかることなどから料理に要する時間を節約できる中食が支持されている[4]。生活者は屋台などでおいしくて安い出来立ての総菜が手軽に手に入るため，少人数世帯では自炊が必ずしも節約にはならないことや，中間層以下のアパートではキッチンを備えていない部屋が多いことなどもタイで中食が支持されている背景にある。コンビニがタイで発展してきた理由の根底にはこのような現地の文化やライフスタイルがある[5]。

　本稿の主題に関係するライフスタイル，価値観，家庭の食生活などについて，半構造化インタビューによりバンコクに在住する若者やOLなどに対して質問調査を実施した[6]。タイは女性の社会進出が進んでいることや地域性が強く，バンコクと地方では生活スタイルや所得水準などが大きく違う。タイ国家統計局（NSO）が2015年に実施したサーベイ（Household Socio-Economic Survey）によれば，バンコク首都圏の世

---

4) 中食とは家で自ら調理するのではなく，外で総菜などを購入して家や職場などで食べることである。

5) ジェトロ・バンコク事務所が2012年2月にバンコク在住のタイ人400人を対象に行った「食生活に関する調査」によると，レストラン，大衆食堂，屋台での食事，または飲食店から料理を持ち帰り，家や職場で食べ食事とも半数を超えた。2006年に行われた民間調査会社ACニールセンの消費者調査では，タイは「頻繁に食事を買って帰る」「時々買って帰る」割合が調査対象国41ヵ国中で最も高く，中食率世界一という結果であった。

6) 調査は チュラロンコーン大学サシン経営管理大学院の協力を得て2014年2月5日，8月6日と2017年8月21日に述べ3回実施した。インタビュー調査の中から本稿の課題に関係する内容を抽出して記述した。

帯収入は月に日本円で13万円程度といわれている。日本の感覚では平均的な日本人のイメージで標準化できやすいが，タイをはじめとしてASEAN諸国は特に地域間や都心と地方の生活が大きく違うことから適応するための標準的なパターンが見出しにくい。

　OLのPさん（20代前半）は未婚でバンコクの実家で両親と姉と生活している。朝食は母親が作ることが多く家では母と一緒に食べる。タイでは1人暮らしをする人たちが増えてきたが，大半は兄弟や家族と一緒に暮らしている。独身者は朝食や昼食に屋台を利用する。OLは屋台で惣菜を買って会社のオフィスで友人と食べることが多い。1人暮らしだと1日200バーツもあれば十分食費は足りるそうだ[7]。

　Tさん（30代前半）は既婚で娘が一人いるので毎日家で自分が料理を作っている。Tさんの夕食の費用は家族3人分で200バーツ程度である。Kさんは1週間分の家庭の食料を近くのタラートに行って買うことが多い。また，家から近いテスコロータスにも行く。Pさんも野菜や肉などの生鮮食品はタラートで購入するが，砂糖や醤油などはテスコロータスやビッグCで買うことが多い。二人のビッグCとテスコロータスに対する評価は価格の安さであり近ければどちらでも構わない。鮮度の良い食材や価格重視の食材をタラートで購入して，加工食品や食品以外をハイパーで選択購買している。彼女たちは菓子や飲料などを出勤した時に購入する時にはコンビニを利用している。食品のネット注文システムはタイでもテスコロータスやビッグCなどが開始しているが，今のところまだ定着していないそうだ。タイの消費者は食品の場合は自分の目で見て確かめながら選んで購入する。しかし，最近は食品以外の商品はタイ人もネット購買を利用する人が増加している。ネット購入の場合でも

7）インタビュー調査を実施した時の1バーツは約3.3円であった。

若者はカードを持っていない人が多いため銀行で振込をしている[8]。

　Bさんは暑いので水を購入するためにコンビニを利用している。コンビニに入ればお菓子やその他の商品も衝動買いする。タイのセブン−イレブンは弁当が高く40バーツ程度するが屋台だと同じ金額を出せばもっと量が多く温かい商品が買える。タイでセブン−イレブンが人気の理由はロケーションが良いのと品揃えが豊富なこと，そしてテレビ広告の販促効果が大きいそうだ。価格の差は感覚的に屋台と同様な商品と比較して2倍から3倍あると考えている。

　Tさんは家族と一緒にご飯を食べるときに幸せを感じる。家で頻繁に作る料理は伝統的なタイ料理のトムヤンクンやソムタムである。特別な日の料理は焼き肉で家族揃ってバーベキューをすることだ。家で食べる日本料理はすき焼きだが，日本とは少し違うタイ風のすき焼きである。例えば，タイでは生卵を食べる習慣はなく，パスタなどは一般家庭では食べることはない。タイ人は伝統的に豚肉をよく食べるのでトンカツのようにパン粉はつけないがフライ料理にする。また，豚のミンチをチリと甘辛く炒めてご飯と一緒に食べるガッパオがメジャーな食べ方である。

　おにぎりはセブン−イレブンやファミリーマートなどで販売しているがたくさん売れない。Tさんはおにぎりが売れない一番の理由は美味しくないからだと思っている。Tさんは「私が日本にいた時に食べたおにぎりは美味しかったのだが，日本に行ったことがないタイ人はおにぎりが何なのかを知らないため，きちんとプロモーションをしないと売れないだろうと思う。米飯ではおにぎりよりも寿司の方が有名で人気がある。コンビニ弁当は値段が安くなれば売れると思う。タイでは食事を少

8）タイは若者を中心にネット販売が普及している。しかし，物流システムや支払いシステムなどのインフラの整備が遅れている。これらのインフラが整えば急速的に普及すると考える。

量ずつ数回に分けて食べることが多いのでセブン-イレブンなどはそれに合わせているのではないかと思う」と述べている。弁当はどんどん工夫改善されていくことで人気が出ると思われる。

　コンビニが創意工夫して発展してもおそらくタイ人が屋台の利用をやめることはないであろう。屋台の魅力はできたての温かい食べ物を購入できることだからだ。しかし，最近は少しずつだがタイ人の消費行動様式が変化している。かつては全てのものをタラートで購入していたが，今はテスコロータスやビッグCといったハイパーでの購入が増えている。外食する場合，一番よく利用するのは中華料理店でヤムチャなどの人気が高く，日本料理ではラーメンである。若者はファストフード店もよく利用するが主流ではなく個人店のタイ料理店に行くことの方が多い。最近はタイ人も健康志向の高まりからサラダを食べるようになってきたように，伝統的なライフスタイルに加えてヘルシーなライフスタイルが人気である。消費者調査から生活者のライフスタイル，コンビニ，そして日本的な商品がタイ市場で受け入れられてきた理由や受け入れられない理由が理解できた。ではなぜ，セブン-イレブンだけがタイ市場で順調に勢力を拡大しているのであろうかという問題意識から提携企業のCPグループについて調査をした。

Ⅳ　CPグループ

1. 概要

　CPグループはタイで飼料から畜産，加工食品の製造業，小売業などを運営する財閥系大手企業グループである。現在，CPグループは100カ国以上で商品を販売し，2015年の売上高は約450億ドル（約4兆6千億円），30万人以上を雇用する東南アジア屈指の多国籍企業である。

CPグループは傘下に大きく3つの企業グループを擁している（図表4）。

図表4　CPグループの主な上場会社

1バーツ＝3.5円

社名	2013年売上高	CPの出資比率	事業概要
CPフーズ	3892億バーツ	約40%	家畜用飼料から畜産，水産，加工食品，小売業まで手掛けるグループ中核企業独自の業態のCPフレッシュマートを展開中
CPオール	2846億バーツ	約40%	タイでセブンイレブンを約1万店展開している。13年に卸売店「サイアム・マクロ」を買収した。
トゥルー・コーポレーション	962億バーツ	約50%	タイ携帯サービス3位。固定ネット通信やケーブルテレビも展開

（出所）日本経済新聞2014年11月21日をもとに作成。

　CPフーズは食品の原料から加工までを担うグループの中核企業で，海外比率65％を75％へ拡大する戦略で周辺の途上国に事業を拡大中である。最近では欧州への進出を強化している。現在は，日本のコンビニの総菜コーナーでCPが開発に関わった商品が多く導入されている。例えば，日本のセブン−イレブンで販売されているプリマハムが供給している鶏肉や豚肉が原料のパック総菜の裏には黄色の円のなかに赤い字でCPと記されたマークが印刷されている。これらの商品はCPフーズが商品開発に携わった商品である（写真1参照）。このように，CPフーズは原料や半加工製品として多くの流通業や外食産業へ供給をしている。

　CPオールはCPグループの中で流通の役割を担って投資を展開している。CPオールはタイにおけるセブン−イレブンの運営会社で国内最大手のコンビニ・チェーンである。CPオールは2013年にタイで60店舗以上展開する会員制ホールセラー型ディスカウントストアのサイアム・マクロを買い戻している。トゥルー・コーポレーションは通信事業だが，コンビニ事業と大きな相乗効果を生んでいる。セブン−イレブンで

写真1　日本のセブン-イレブンの商品

（出所）筆者撮影。

は，トゥルーのプリペイドSIMカードや携帯電話が購入できる。CPグループは通信事業に参入したことにより電子商取引やケーブルテレビ事業も展開している。

2. インタビュー調査からわかったCPグループの強み

　J氏はCPフーズが生産した加工食品の輸出を担うCPブランド部門の傘下企業のCPマーチャンダイジング社に在籍している。J氏はこれまでに相手先ブランドのOEMによる日本のナショナルブランドメーカー（以下NBメーカー）や大手流通業の商品開発に従事してきた。長年，CPグループは消費市場国の企業に対して原料の調達とOEMを担当してきたので消費者からみると黒子の存在であった。現在のCPグループの戦略は社内にノウハウの蓄積ができてきたので自社ブランドを確立することである。J氏が所属するのはアジアチームで，任務は自社ブランドを確立するために日本や韓国を対象にビジネスを拡大することである。同様にEUチームはテスコなど，米国チームはコストコなどと組んでビジネスを展開している。

　日本市場は国内のNBメーカーが強く海外ブランドは不調であった。CPグループは原料の調達から加工まで一貫してできることから食品

メーカーとしてNBを確立していく戦略である。これまでCPブランドのメーカーとして日本市場に提案したのはグリーンカレーやトムヤムクンといったタイ料理である。大手流通経由で販売したが，日本人が毎日食べるものではないため売れなかった。次に提案したのが冷凍食品である。日本市場ではNBメーカー志向が強いので売れなかったが，同じ日本市場でも業務用商品を扱うコストコなどではよく売れている。これは，飲食業などの事業者がブランド名に関係なく業務用の食材として良い食材をコストコから仕入れているためである。

　日本市場は商品を小売業で販売するためには物流が課題であり，CPフーズで生産した商品を小売業が指定するディストリビューター（卸売業）を通さなければならないシステムである。テスコなどの外資の大手小売業は本社のセンターから全世界へ商品が届くシステムであるから卸売業は基本的には介在しない。しかし，日本の大手小売業はローカルアクセスの問題や商慣習があり，例えば特定卸売業を通さないと商談や物流ができない。特に，日本は商社資本の系列化が進展しており特定小売業と関係の深い商社や卸売業がある。逆に欧米諸国は小売業による寡占化が進んでいるためテスコやウォルマートなどは自社で物流が完結できるようになっている。

　しかし，テスコはタイ市場では物流システムをCPグループと提携して運営している。また，フランスのカジノ・グループとセントラル・グループは親密な関係である。このように外部からタイ市場に参入する場合はパートナー企業の選別が重要である。商品の物流体制ができているセブン-イレブンと未整備のファミリーマートでは品揃えが違う。これまでにCPグループは日本の物流センターを勉強してきたので物流が整備されている。これに対して，ファミリーマートは物流網が弱いことが大きな欠点である。

CPオール傘下のマクロはアメリカのコストコのような業務用のディスカウントの会員制小売業である。1989年にCPフーズが生産した業務用向けの商品販売を強化するためにオランダのマクロを買収した経緯がある。マクロは業務用なのでブランド名ではなく原料や味で勝負ができるメリットがあるためCPフーズの出口戦略として機能している。さらに，業務用向けのチャネルなので一般消費者向けの提携先のテスコの店舗と競合してクレームになることもない。

　CPグループがこれから強化するのが人材教育である。例えば，セブン‐イレブンにはチキンはあるが日本と同じ商品ではない。店舗内で油を使う場合も，オペレーションがタイではまだ間に合っていない。したがって今後はオペレーションに投資していかなければならない。特に重要なのが発注などのトレーニングである。タイのセブン‐イレブンでは自社の学校（専門学校）があり，社員が働きながら勉強ができるようなシステムが確立されていることが強みである。そして，弁当などの強化のためには発注管理，在庫管理の教育と配送システムのレベルアップが不可欠である。

3. グローバル企業としての戦略

　CPグループのタニン・チャラワノン会長は創業者の息子であり，創業者の父親から数えて4番目の経営者となる。現在の日本市場ではコンビニの総菜コーナーでCPの製品を簡単に見つけられるようにCPグループは日本の食卓を変えた企業と呼ばれることがある。CPグループは1973年にタイから鶏肉を日本に輸出し始めた。80年代にはエビの養殖にタイで成功し，やはり日本への輸出を始めた。日本の消費者に鶏肉やエビを手ごろな価格で提供し，鶏の唐揚げやエビフライを気軽に食卓にのせられるようにした。CPグループは創業から一貫して種，肥料，

78　　第3章　タイのセブン−イレブンとチャロン・ポカパン・グループの戦略

図表5　CPグループの主な出来事

年	CPグループの主な出来事
1919年前後	父親（創業者）がタイへ移住
1921年	父親がチャイナタウンに野菜の種の店「正大荘」を開いた。
1939年	会長が生まれる。
1940年	タキイ種苗（京都市）の種の販売開始
1953年	長兄が飼料販売のビジネスを開始CPグループが誕生
1960年代初め	会長21歳で日本の鶏肉処理施設を視察
1969年	会長30歳でCPグループの総裁就任
1970年	米アーバーエーカーからブロイラーのヒナを導入することを決定
1970年代	欧米企業と提携し、ブタの改良品種をタイに持ち込んだ。
1972年	日本から急速冷凍設備を導入
1973年	日本へ鶏肉を輸出開始
1970年代後半	シラチャに飼料工場を建設
1978年	CPフーズ設立
1983年	創業者の父親逝去
1987年	養殖エビの日本輸出を開始
1989年	オランダのキャッシュ・アンド・キャリーの業務用卸業態マクロ1号店をオープンアメリカのサウスランド社と契約をしてセブン−イレブンの1号店をオープン
1990年	通信事業に参入（現在のトゥルー）
1997年	アジア通貨危機でバーツの価値は半分になった。
2004年	タイで鳥インフルエンザ発生、日本への生鮮鶏肉の輸出禁止
2013年	サイアム・マクロをSHVから買い戻した。
2014年	ベルギーの総菜工場トップスフーズを買収 CPグループと伊藤忠の出資による提携
2015年	CP、伊藤忠、中国企業のCITICの資本提携

（出所）日本経済新聞2016年7月1日から31日掲載の私の履歴書などから筆者作成。

　飼料から農産物，養鶏，養豚，水産物の養殖，冷凍，加工食品の製造業
として成長・発展してきた（図表5）。
　1990年代頃までのCPグループの戦略は原材料供給者としてのサプライヤーの性格が強かった。消費市場の製造業や流通業に対して原料を供給することが主なビジネスであった。そして，消費地向けの製造業や流通業と共同で実施する物流や商品開発から多くのノウハウを学び吸収していった。それと合わせてCPブランド商品の販路拡大と浸透を推進した。それが，ハイパー，コンビニ，キャッシュアンドキャリーの業務用スーパーの展開であった。このような，長年にわたって蓄積してきた物

図表6　CPグループの主な事業の変遷

（出所）日本経済新聞2016年7月1日から31日掲載の私の履歴書などから
　　　　筆者作成。

流システムのノウハウが，セントラル・グループなどの他の財閥系の流通グループとの違いである。

　CPグループでセブン-イレブンを展開するCPオールとは別にCPフーズは2006年からCPフレッシュマートの店舗名で「コミュニティの冷蔵庫」というコンセプトを掲げてセブン-イレブンで培ったノウハウをもとにタイ独自の新たな小売業を店舗展開中である。ASEANの他国市場へセブン-イレブンのFCではライセンス契約の関係で出店できなかったことが一つのきっかけである。CPフーズは2014年11月の時点でCPフレッシュマートをタイ国内に約700店舗を展開している。タイ以外にはトルコに400店舗を超える出店をしており，ベトナムやマレーシアにも進出している。今後は，物流網が未整備の新興国に進出して消費者向けだけでなく飲食業などへ向けた卸売業の機能も合わせて果たす計画である。

　CPフレッシュマートは黄色と赤の「CP」ロゴをつけたソーセージや冷凍ギョーザ，卵，牛乳が多く品揃えされた小型食品店である。品ぞろえの80％以上がCPフーズ製で，残りもほとんどは生産を委託したプライベートブランド（PB：自主企画）商品である。CPフレッシュマートは小型店ながら大容量品や冷凍食品を多く扱うことから業務用の卸とし

て機能していることが伺える。CPフレッシュマートはCPブランド商品を中心に販売することが目的で，新商品を作った時に流通しやすく，またテストマーケットとして活用，収集したデータをテスコロータスなどで活用している。このような，原料から商品開発，物流，小売りまでを直接グループ内で完結するビジネスモデルは日本のコンビニよりもある意味で進んでいる。さらにCPフーズは原材料を利用した鶏料理の「ファイブスターチキン」で外食産業へも進出し，タイで約5000店を展開している。そして，飲食店形式の営業によるインド市場での店舗展開を開始している。

　CPグループは物流，OEMなどのインフラを整備しているので食品の製造小売業を目指してタイ発のオリジナルな小売業を創造することが可能である。現在，CPフレッシュマートプラスの店舗名で実験中である（写真2）。

　CPフレッシュマートプラスは外食とコンビニを融合させたイートインタイプのキッチンがあるのが特徴である。CPフレッシュマートプラスはコンビニで培った近代流通と外食産業のノウハウを中心にタイ市場の特性である総菜の屋台と生鮮のタラートの融合を目指すタイ独自の業態である。この戦略は日本のセブン-イレブンが当初アメリカから輸入されて独自の進化を果たしてきたことと似ている。タイやASEANの市場を熟知するCPグループがメーカーとしての生産力や原料調達から商品供給までのサプライチェーンを基礎として，セブン-イレブンとの提携で獲得したナレッジ・スキルを組み合わせていることが伺える。進出国での提携企業を能動的，自律的な主体として考察するとCPグループはセブン-イレブンのオペレーションを学習しながら独自の戦略を構築しようとしていることがわかる。

　CPフーズは2014年にベルギーの総菜工場トップスフーズを買収し，

写真2　CPフレッシュマートプラス

(出所) 筆者撮影。

ほとんど自動化した無人工場でタイのグリーンカレーとごはんをセットにしたアジア風弁当やスパゲティボロネーゼなどの調理済み食品を生産している。CPフーズはこれまで欧米の大手小売りに鶏肉やエビなどの食材を供給してきたが，海外市場でも通用する自社ブランドを育成する戦略である。この工場は自動化を究極まで進め，7人の技術者がいるだけで労働者はいない。会長は同じような自動化工場を世界に広げ，世界中の食卓に美食を届けたいビジョンを描いている。さらに，2015年にCPグループは日本国内でファミリーマートを傘下に抱える伊藤忠商事と中国事業を中心に包括提携をした。伊藤忠商事傘下のファミリーマートはタイではセントラル・グループとFC契約を締結している。このように，コンビニ・ビジネスの事例だけでも混沌としている。近い将来，CPの開発するフレッシュマートプラスが進化した業態がセブン-イレブンにとってタイやASEANで一番の脅威になる可能性がある。さらに，イギリスなどの欧州諸国では日本企業の浸透よりも早くCPフーズの商品が市場で受け入れられる可能性がある。このように，進出国の提携企業と現地の消費者はそれぞれ自律した能動的な主体として新たな提案を取捨選択しながら自分に合った価値を創造している姿が理解できた（図表7）。

図表7 CPグループの戦略と将来の可能性

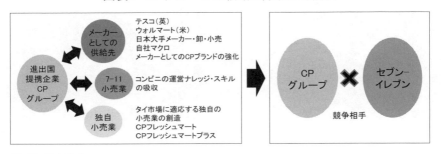

(出所) 筆者作成。

V 新しい概念化へ向けて

　国際経営や国際マーケティングの視点からは，進出企業が進出市場でどのように活動すると成果が出るかという視点での考察が中心となる。日本企業は本国で培ったナレッジ・スキルを前提として現地化，適応化，標準化などを試みる。しかし，タイでは現地の提携企業の戦略や消費者の独自の文化や価値観にもとづく自律的なライフスタイルがある。このように相手国の立場からの視点で見ると少なくとも日本で成功した商品や企業システムだけではとても太刀打ちできないことは今回の事例から十分理解できると思う。これまで言われてきたように，提携先企業や現地社員が日本のやり方を十分に理解してくれないことや現地の消費者が欲しくても経済的な豊かさが伴わないから買えないのではなく，企業システムが合わず，消費者が欲しくない，要するに商品に魅力がないから売れないのである。進出国での市場やライフスタイルは現地の生活者が新しい情報や提案に触発されながら時間の経過と共に自律的に生成していく。タイで培われた屋台や中食の文化はタイ独自の伝統的な価値観を背景としている。日本企業が本国で成功できたのは日本のライフス

タイルと価値観に受け入れられたからであり，日本での成功パターンが
進出国市場で受け入れられるかどうかはわからない。

　その意味ではセブン-イレブンはフランチャイズ契約制度を採用して
柔軟に現地企業の裁量を尊重する経営をおこなって成功しているともい
える。進出企業が制度，伝統，文化的な背景などが違う進出国の市場の
中で顧客と一緒に価値を創造するか，または本国での成功パターンを効
率的に適応することを目指すかは戦略の選択の問題である。進出企業が
このような柔軟な戦略を実行するならば，市場を動態的に捉えることや
市場起点でマーケティング・システムを再編成することなどが必要であ
る。特に，日本企業はこれまでの企業システムから新たな市場を中心と
した企業システムと組織運営のやり方に切り替えることが求められる。

　インタビュー調査からタイの消費者は日本とは違うライフスタイルや
価値観で行動していることがわかった。進出企業の商品はこのようなプ
ロセスを経て進出市場で少なからず適応化される。標準化/適応化の視
点で考察すると味や商品名などを現地向けに変化させることが多いが全
く本国には無い商品開発につながるケースは稀である。本国の意思決定
者は商品に対する成功体験や思い込みが存在し，確立したブランドのイ
メージと違う場合は変更を拒否することが多い。したがって，企業は本
国で確立した意思決定の規範を進出国において変化させることにつなが
る革新は難しい[9]。伝統的な国際マーケティングの理論は現地市場に適
応するために日本企業の価値から市場や企業システムを考察してきた側
面が強い。しかし，顧客の接点企業として提携先のCPグループを捉え
るとセブン-イレブンとの契約の範囲内で学習をしながら，消化するこ

───────────────

9) 2014年2月にマンダムタイランド社でインタビュー調査を実施した。調査からマンダ
　ムは日本では男性用の化粧品のイメージが強いがインドネシアやタイでは女性用でも当
　たり前のように受け入れられていることがわかった。

とで全く新たなビジネスを創造しようとしている。これまでの標準化/適応化の視点は市場が評価する商品を的確に供給できるという考え方が基礎にありこの考え方は進出企業が意思決定を的確にできる静態的な環境下では効果があった。現地の提携企業は現地市場について進出企業よりも熟知している。進出企業がわからない，あるいは採用しない戦略を自ら主体的に活用しようとする。このように進出国市場の接点企業を中心に捉え直すと皮肉なことセブン–イレブンにとっての一番の脅威は提携先の進出企業のCPグループとなる（図表8）。

大石・山口（2013）は国際マーケティングに対するサービスの視点での新たなフレームワークについて言及した（pp.14-16）。製造業は一般的に，顧客と直接的な接点を持たない。小売業は商品を販売するさいに顧客と対面しており双方向のコミュニケーションをおこないやすい。しかも交換を通して顧客を特定することができる。このように顧客と直接的な接点を持って顧客と相互作用をおこなうことがサービス業や小売業の特徴である。国際化の多くの議論は企業があらかじめ市場調査などで顧客のニーズを予測して効率化を実現できるかどうかにフォーカスしている。そこには進出企業が進出国の顧客との接点を活かすことに関する議論が不足している。日本企業は現地市場やパートナー企業と一緒に市場を新しく創造する（価値共創）視点での企業システムの構築が重要である。そのためには，サービス・ロジックの視点から国際マーケティングを再構築しなければならない。そして，前提として深く顧客の文化的な価値などへ焦点を当てた学際的研究の蓄積が必要となる[10]。

本章は紙幅の関係上ここで終了するが，日本の伝統的な「場の文化」

---

10) Arnould and Thompson（2005）はConsumer Culture Theory（以下CCT）という用語を用いて，消費者を企業側から一方的な対象として捉えるのではなく，消費者の文化的な側面を消費者側の文脈や価値創造の視点を加えることの重要性を提示している。

図表 8 調査から得られた知見

進出国の提携企業	進出国の消費者
現地に合わせた新しい流通を構築。 独自の戦略により日系企業や提携企業のノウハウを吸収する。 自らに合った人材育成を自ら実施する。 自社の強みを最大に活かす戦略を実行。 独自の商品を独自に開発。	日本企業からの提案を積極的に受け入れるライフスタイルと伝統的な価値観を守るライフスタイルを両方で使い分ける。 自分たちのライフスタイルに合った価値を自分たちで生成する。 タイの独自の生活者の価値観。

（出所）筆者作成。

を学習して組織運営に活かすことがこれからの新興国での日系企業の大きな力となると考えている[11]。

＊本章は「流通国際化における新たなフレームワークの導出に向けた一考察〜タイ国市場調査をもとに」として，2015年『大阪産業大学経営論集』第16巻第2，3合併号に所収されたものをもとに加筆・修正したものである。

【参考文献・資料】

Arnould, E.J. and C.J. Thompson (2005) "Consumer Culture Theory (CCT): Twenty Years of Research", *Journal of Consumer Research*, Vol.31, pp.868-882.

大石芳裕・山口夕妃子（2013）『グローバル・マーケティングの新展開』白桃書房。

清水博（2000）『場と価値共創』NTT出版。

藤岡芳郎（2014）「小売マーケティング研究の新たな視座へ向けた理論研究——価値共創の先行研究の考察から」『大阪産業大学経営論集』第16巻第12号，pp.1-22.

藤岡芳郎（2015）「流通国際化における新たなフレームワークの導出に向けた

11）本格的な研究はこれからの課題となるが，日本の場の文化に代表されるおもてなしの精神は，前提として素性の分かった同質の人達に対する行為であった。一般的に日本人は特定な気心がわかった状態では世界に誇る場の文化を生成してきたが世界へ向けた活動は弱い性質があるといわれる（清水 2000，p.48）。

一考察—タイ国市場調査をもとに」『大阪産業大学経営論集』第16巻第
2・3合併号，2015年，pp.101-123.
矢作敏行（2007）『小売国際化プロセス—理論とケースで考える』有斐閣。

藤岡芳郎

第4章

ASEANで戦う日本企業の今日的戦略論点

I はじめに

　日本企業のアジア地域への展開は，1985年プラザ合意後の大幅な円高を契機として加速した。アジア通貨危機で一旦停滞するものの，2000年代に入り，日本企業のアジア展開は再び拡大している。この約30年の間で，アジア各国は急速に成長し変化し，また世界における日本やアジア各国の位置づけが変わり，結果として，日本とアジア各国の相対的な位置づけや関係も変わってきた。それゆえ，一言に「日本企業のアジア展開」と言っても，その意味するところ，あるいは，それを考える時に留意すべき事柄は目まぐるしく変化している。

　一方で，アジアで活動する日本企業に目を向けると，必ずしも，急速な変化に柔軟に対応できているわけではないように思われる。それは，組織というものが持っている硬直性や自己保全性と，人間が本質的に持っている認識のクセが影響しているのであろう。

　丸山眞男が幕末の思想家である佐久間象山について講演したさい，現在（1964年当時）が「ちょうどあの幕末のときと同じように，われわれの世界像というものの根本的な転換が要求されている時代」（丸山眞男（1964）「幕末における視座の変革―佐久間象山の場合―」（『忠誠と反逆』に収録））であるとして，ものごとの認識の仕方を「めがね」に喩えて語っている。

　「われわれがものを見る•め•が•ね，認識や評価の道具というものは，けっしてわれわれがほしいままに選択したものではありません。それは，われわれが養われてきたところの文化，われわれが育ってきた伝統，受けてきた教育，世の中の長い間の習慣，そういうもののなかで自然にできてきたわけです。ただ，長い間それを使ってものを見ています

から，ちょうど長くめがねをかけている人が，ものを見ているさいに自分のめがねを必ずしも意識していないように，そういう認識用具というものを意識しなくなる。自分はじかに現実を見ているつもりですから，それ以外のめがねを使うと，ものの姿がまたちがって見えるかもしれない，ということが意識にのぼらない。（中略）そのために新しい『事件』は見えても，そこに含まれた新しい『問題』や『意味』を見ることが困難になるわけであります。」（丸山 1964）

　日本の人口が減少に転じ，一方でアジア諸国の経済的な存在感が増し，それら諸国の連携が高まっている「今」というのは，（少なくとも，経済やビジネスを語るにおいては）まさに「われわれの世界像というものの根本的な転換が要求されている時代」であるに違いない。大きな環境変化のなかで，本来見るべきものを見落としていたり，本来とは違って歪んだように見てしまっていたりすると，その認識に基づいた方針やアクションも同じく欠けていたり歪んでいたりするものであろう。事業経営というテーマに引き寄せて言うならば，新たに生まれている市場機会に気付かなかったり，急速に脅威を増している競合の存在を過小評価したりしてしまうようなことである。

　本章の目的は，アジア（本章では，特にASEAN）という地域が急速に変化しているなかで，そこで活動する日本企業にとっての戦略論点も変化しているということを概観して，認識や思考（上記の比喩で言えば，めがね）を自覚的に再調整する契機となることである。大きくは，①市場の進化への対応と②アジア全体を視野に入れた域内最適化について，検討していきたい。また，経営コンサルタントである筆者の経験を活かしながら，1つの論点について丁寧かつ科学的に検討を重ねるというよりは，いくつかの重要と思われるエッセンスやコンセプト（の原型

のようなもの）を提示しながら，日本企業のASEAN展開の「今」を概観していくこととする。

　なお本章では，議論の焦点をぼやけさせないために，消費者向けの商品（食品・飲料や消費財など）を念頭に置いて，議論を進めていく。

Ⅱ　市場の進化と戦略論点

1. 志向/嗜好の変質と多様化

　ASEAN各国は，ここ数十年から数年の間に急速に「豊か」になってきている。ここで言う「豊か」になるということを市場という側面から捉えると，経済成長に伴って消費者の所得が増えて購買力が増し，その結果，消費者はこれまでは手に入らなかったものを買えるようになったり，これまでより品質の良い商品を買えるようになったりすることである。かつての日本の三種の神器（白黒テレビ，洗濯機，冷蔵庫）や新三種の神器（カラーテレビ，クーラー，自動車）のような形で，各家庭にモノが増えていく。

　例えば，乗用車普及率を見ると，ASEAN各国の各家庭にモノが普及していく様子が見えてくる。1人当たりGDPが1,000〜10,000ドルの間に自動車の普及が急速に進む，というようなことが経験的に観察されており，実際，その経済水準に入っているASEAN各国では乗用車の普及が進んでいる（図表1）。

　筆者がASEAN各国で実施した消費者インタビューからは，モノ（自動車など）の普及率が高まると，そのモノによって自分の個性を表現したいというニーズが高まってくる，という傾向が発見された。例えば自動車で言えば，まずは「家族で移動するための自動車が欲しい」ということで購入をするのだが，自分の周りに自動車を持ってくる家庭が増え

図表1　1人あたりGDPと乗用車普及率の推移（2005〜2015）

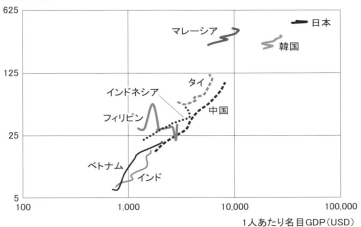

（出所）GLOBAL NOTE（出典：OICA，IMF）より筆者作成。

てくると，「隣の家とは違ったテイストの自動車を買いたい」というような意向が出てくるのである。実際，購入決定の要因をサーベイすると，前者のステージでは価格や燃費が重要視されるのだが，後者のステージでは価格や燃費だけでなくデザインに対する意識も高まってくる。これは，自動車以外の消費財などにおいても，同じ傾向がある。

　市場で起こっているダイナミクスを捉えるとすれば，消費者側に「自分の個性を表現したい」というニーズが高まると，そのニーズに応えるべく新しい企業が参入したり，企業が新たな商品を投入したりする。すると，新たな選択肢に触れた消費者は，更に「自分の個性を表現したい」という思いを高めるのである。こうして，嗜好の多様化は，企業と消費者の間で螺旋状に高まっていく。

　このトレンドは，「物質的な豊かさのための消費」から「精神的な豊

かさのための消費」への移行，というような言い方ができるだろうか。つまり，「豊か」の意味するところが変質し，多様化するのである。

2. 販売チャネルの進化と多様化

　消費者の嗜好の多様化と並行して，販売チャネルの多様化も進んでいく。かつては家族経営の小規模店舗（パパママショップ）で売られていた時代があり，それらを1つの大規模な屋内に集めたような場（国によってはプラザと呼ばれる）が一般的になり，徐々にショッピングモールや百貨店が登場する。ショッピングモールの数が増えてくると，特定の顧客層向け（高級路線，若者向けなど）や特定のカテゴリ（ファッションなど）を扱うショッピングモールが登場して他との差別化を図るようになる。

　百貨店やショッピングモールの数が増えるのに従って，店頭の様子も変化していく。パパママショップでは狭い店内に所狭しと商品が並べられているが，ショッピングモールでは陳列や店頭広告が充実して売り場でのマーケティングが活発になる。

　「どういう種類の消費者に向かって」「どの商品を」「どの売り場で」「どういう売り場づくりをしながら」売っていくか，というマーケティングの基本要素に関して，企業側として取りうるオプションが増えていく。この現象をマーケティングオプションの多様化と呼んで，以降の議論を進めていく。

3. 競争の変化への対応

　ここまで見てきたような消費者の嗜好の多様化，マーケティングオプションの多様化という市場の進化のなかで，企業の競争上のポイントが変化していくということを議論していきたい。それは，ディストリ

ビューション中心の競争から，マーケティングも重要な競争への変化である。

　乱暴な言い方とも思うが，新興国市場の初期段階における勝負は，「いかにして，その商品は，消費者にまで届けるか」というものである。新興国市場では，そのモノを，市場のなかに存在させ，認知させ，未整備な流通網を繋ぎながら消費者のもとにまで届けることが困難である。それゆえ，逆に言えば，その勝負なのである。例えば，元日産自動車のエンジニアで現在台湾の Hua-chuang Automobile Information Technical Center（HAITEC，華創車電技術中心）の上級副社長である水野和敏は，HAITEC 入社に際したインタビューの中で下記のように語っている。インタビューの一部のみを引用するのはいささか乱暴ではあるが，印象的な部分を引用する。示唆の多いインタビューなので，是非，引用元も参照いただきたい。

　「拡大市場（筆者注：新興国市場）は何を持っていったって売れるんだよ，悪いけど販売力だけあれば売れる。現地にディーラーをどれだけ持っているかどうかの話だよ。（中略）ピックアップトラックなんか（中略）プラットフォームを30年も同じものを使って，開発費用もモデルチェンジ費用も掛けてないで安く売っているんだからさ。」（日経ビジネスオンライン 2014）

　食品や消費財メーカーの ASEAN 展開では，現地のチェーン小売店やパパママショップに商品を流通させるネットワークを持っている現地企業を代理店としたり，場合によっては出資したりすることが行われる。
　ところが，消費者の嗜好の多様化とマーケティングオプションの多様化を2本柱とする市場の進化が進むと，ディストリビューションだけで

は，消費者を捉えてシェアを維持・拡大することが難しくなってくる。

　この市場の進化は，消費者にとっては購入場所の選択肢が増えるということと，店頭でインプットされる情報が充実するということを意味する。逆に，企業にとっては多様化したマーケティングオプション〈「どういう種類の消費者に向かって」「どの商品を」「どの売り場で」「どういう売り場づくりをしながら」売っていくか〉の中から首尾一貫した最適解を選択し，やり切ることができなければ，競争に負けていくということを意味する。

　例えば，筆者がコンサルティングに取り組んだ消費財メーカーの事例がある。このメーカーは，数十年にわたってASEAN各国で代理店モデルを中心とした展開をし，各国で一定のシェアを確保していた。しかし，ここ数年，経済発展の波に乗って市場が拡大しているはずなのに，売上の低迷が続いていた。

　市場や競争の環境を分析していくなかで見えてきたのは，ここまで議論してきたような「市場の進化」であった。消費者の嗜好は多様化し，マーケティングオプションは多様化していた。その状況に対応するべく競合の展開の重心は，ディストリビューションから，マーケティングに移っていた。ところが，このメーカーは，旧来の代理店を中心としたディストリビューション重視，逆に言えば，マーケティング軽視が続いていたために，消費者からは「知っているけど，魅力的には思わないブランド」と認識されており，競争力を失っていたのである。代理店との関係が始まった当初は，ディストリビューションを重視すべき時代であったため，代理店のマーケティング機能については重視されなかったし，メーカー側としても現地にマーケティング機能を置くことの必要性を重視していなかった。一言で言えば，「気づかぬうちに時代が変わっていた」ということであった。

このメーカーは、このプロジェクトを受けて、マーケティングを重視する戦略に切り替え、現地に自前のマーケティング部門を設立することにした。結果として、ASEAN市場で巻き返しが進んでいる。

この事例が示しているように、ASEAN各国が「豊か」になっていくのに従って、市場が進化し、競争のポイントがディストリビューション中心から、マーケティングも重要なものへと変化していくのである。1点留意しておくと、商品を顧客のもとに届けることと、その商品への好意（Preference）を高めることは、展開の両輪であるはずなので、市場の進化に伴ってディストリビューションの重要性が無くなったということとではない。依然として、ディストリビューションは重要であり、特に首都圏ではない地方市場では極めて重要である。

4. 新しい市場機会の獲得

市場の進化は、新しい市場機会を生むという側面もある。所得を増やした消費者層の一部は、それまでその国の市場には無かったような「より良いもの・より高価なもの」に関心を持つようになる。例えばThe Wall Street Journal（2016）では、一般消費財メーカーの"premiumization"の取り組みが紹介されている。この新しい市場機会は、先進国企業にとって、本国で展開している商品を展開・応用することがしやすい領域であるし、より厚い利益を狙っていける領域である。この新しい機会を捉えるためには、時機を見ぬいて素早く展開の意思決定をしていくことが必要である。新しい市場機会が生まれる前に商品を投入してしまうと消費者に受け入れられないし、逆に投入が遅れてしまうと競合に先を越されてしまうからである。

しかし、日本企業がアジア新興国市場で時機を見るに敏になるという

96   第4章　ASEANで戦う日本企業の今日的戦略論点

図表2　新興国市場での「三遊間」のイメージ

| 日本を含む先進国市場 | 新興国市場 |

高価格帯

中価格帯商品の担当者

「三遊間」

中価格帯

低価格帯商品の担当者

低価格帯

のは，なかなか難しいものである。そこには，組織内の担当領域の設計
と，担当者個人の認識が影響していると考えている。各国の統計的な平
均値を見れば，日本を含む先進国の方が所得水準が高く，一方でアジア
新興国を含む途上国の方が所得水準が低い。それゆえ，先進国市場では
中～高価格帯の商品を展開し，新興国市場では低価格帯の商品を展開す
るというのが，一般論としては成立する。一度その枠組みが成立してし
まうと，新興国市場を担当する部門や人は，その市場での会社としての
売上よりも，担当する低価格帯の商品の売上の最大化をミッションとし
て認識するようになる。あるいは逆に，（多くの場合，本社側にいる）
中高価格帯の商品の担当部門や担当者は，先進国市場に目を向けており
新興国市場開拓を意識していないことが多い。すると，新興国市場の中
高価格帯に積極的に意識を向けている部門や人がいない状況が生まれて
しまう。「三遊間」が生まれてしまうのである（図表2）。

　筆者はASEAN市場での新たな市場機会を狙った事業開発の支援を手
掛けた経験があるが，そのプロジェクトの中で見えてきたのは，まさに
「三遊間」の存在であった。現地側で低価格帯商品の拡販に取り組んで

いる担当者にとって，中高価格帯商品は，自分が取り組んでいる商品の需要を奪いかねない存在であった。それゆえ，現地で日々を過ごすなかで目に入っているはずの新たな市場機会に，意識的に目を向けることをせずに本社への情報提供も行っていなかった。

　「三遊間」を作らないためには，論理的な結論としては，本社の中高価格帯商品の担当部門が新興国市場の変化を頻度高くモニタリングするか，新興国現地にいる担当者が中高価格帯領域に広がる新しい市場機会の気配をいち早く察知して本社に報告するかのどちらか，ということになる。責任権限の設計としてどちらの方法が適切かは，商品の性質や企業の方針や個性によって変わってくるものであるが，いずれにせよ現地での市場機会を見逃さない「目」の機能は必要になる。すなわち，現地側に，現在拡販に取り組んでいる低価格商品だけでなく，全社視点での売上や利益の最大化を意識する起業家精神（entrepreneurship）が求められるし，それを持った人材の配置とそれ発揮できる役割を与えることが必要になる。

Ⅲ　経済圏の拡大と戦略論点

1. 経済圏の拡大と「出現」

　前節では東南アジアという市場が進化しているということを議論した。この節では，東南アジアやアジア全体を，それぞれ個別の国として認識するだけでなく，全体として1つの経済圏や活動のフィールドとして認識することが必要になっている，ということを議論していく。

　末廣昭（2014）は，東アジア経済を取り巻くダイナミックな変容をマクロ視点で下記のように捉えている。プラザ合意以前には，アメリカを最終的なアブソーバー（筆者注：買い手）とするアメリカ・日本・ア

図表3　貿易額の状況

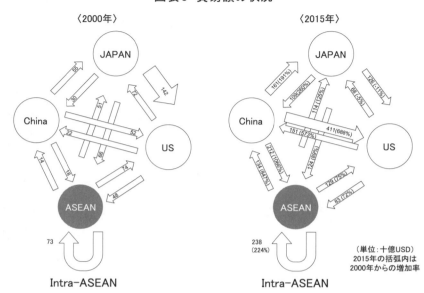

（出所）Trademap, UN Comtrade Database, Statistical yearbook of Japan 2010.

ジアNIESから成る「太平洋トライアングル」が東アジアの工業化を支えてきた。1990年代後半からは，中国（+韓国，台湾），日本，ASEAN（+インド）の三者を中心とする「東アジア・トライアングル」にシフトしたとして，その動きを「アジア化するアジア」と表現した。その背景にあるのは，アジアが巨大な消費市場として発展していることと，アジア域内での貿易・経済的相互依存の高まりである。

この視点・枠組みに基づきながら，ASEANにフォーカスを当て，かつ統計情報をアップデートすると，中国-ASEAN間とASEAN域内での貿易量の増加が際立っていることが，あらためて分かる（図表3）。

読者の認識を揺さぶるために敢えて大胆に言ってしまうとすれば，もはや「アジアは1つ」である。かつての日本が地域ごとの「国（藩）」

であったものが，今や当然に日本全体が1つの「国」であるのと同じように，（少なくとも，経済やビジネスという観点では）東アジア・東南アジアが1つの経済圏であると捉えることが自然という時代が遠からず訪れるはずである。江戸時代に大坂の商人が江戸と取引をすることの大変さと，現代に大阪の企業が東京に支店を構えることの大変さのギャップを想像すれば，それくらいの大きさの変化が日本とアジア諸国との間のビジネスにおいても起こっていく（起こっている）に違いない。筆者の実感としては，そういった認識を持っている企業と持っていない企業の意思決定の内容や質は，明らかに異なっている。

　あるいは，ASEANは生産地なのか消費地なのか，という議論も一般的になされている。ところが思えば，取引は，作り手と買い手が揃ってはじめて成り立つものであるわけなので，ある地域を「生産地＝作り手しかいない地域」や「消費地＝買い手しかない地域」と分けること自体が不自然なことである。「日本は生産地か消費地か」と問われて一言で答えることが難しいように，ごく自然な認識として「ASEANは生産地であり，消費地である」と捉えた方が歪みがないのであろう。安価に製造できる工場を建てるためにASEANに進出していた時代は，日本とASEAN諸国の間の経済的な格差が今以上に大きかった頃の「歪んだ」捉え方に基づいたものだったのかもしれない。

　そう考えると，経済圏や活動の「ひと続きの土俵」が東アジア・東南アジア全体に広がっているのが，「アジアビジネスの今」であると言えよう。あるいは別の言い方をすれば，東アジア・東南アジアという「1つの経済圏」が，認識可能かつ認識すべき対象として「出現」してきたということであると思う。

図表4 製造業現地法人（日本企業）の調達先（仕入高）の状況

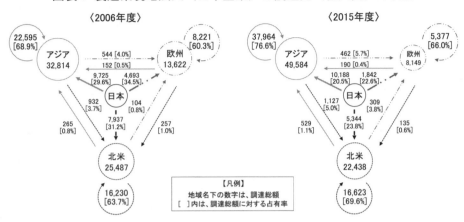

（出所）経済産業省「第46回海外事業活動基本調査」をもとに筆者作成。

2. 経済圏内での統合と最適化—点から面へ—

　こういった東アジア・東南アジア経済圏が「出現」する時代においては，その経済圏全体を俯瞰しながら自社の強みが一番発揮できる展開（開発/生産/販売/…）を自在に描いていくことが求められる。地域という単位を対象にしたバリューチェーンの最適化という意味で，リージョナル・バリューチェーンの構築競争という言い方をすることにする。

　実際，日本企業のアジアでの活動の統計（図表4）を見ると，アジア域内調達が進んでいることが分かる。これは，アジア全体を1つの経済圏と捉え，リージョナル・バリューチェーンの構築を進めていることの証左であると考える。

　あるいは，日本貿易振興機構（ジェトロ）（2016）が実施したアンケート調査からも，日本企業のアジア域内でのバリューチェーンの再構築が進められいる様子が分かる（図表5）。拠点や機能の移管元を時系列で見ると中国を移管元とするケースが増加し，2016年度の調査では

図表5　国内外拠点・機能の移管先・移管元

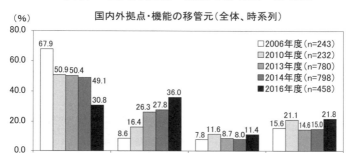

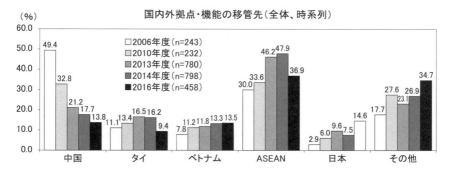

注：①移管元、移管先とも「その他」には、国名の記載がないものも含む。
　　②2006年度、2010年度は、ジェトロ・メンバーズのみを対象とした調査。
（出所）日本貿易振興機構（ジェトロ）「2016年度日本企業の海外事業展開に関するアンケート調査」。

日本を移管元とするケースよりも多くなった。また，移管先については ASEAN が対象になっているケースが依然としてもっとも多い。つまり，日本企業のアジア展開の最先端は，「日本からアジアに出る」というステージから，「アジア域内で最適化するように再構築する」ということに意識が向くステージへと移行しており，その最適化・再構築において最も重要なエリアとなっているのが ASEAN である。

図表6 コストの主要素に関する東アジア・東南アジア経済圏での変化

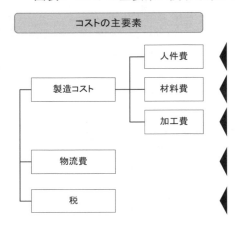

　また，例えば生産コストの各要素について，東アジア・東南アジア経済圏で起こっている変化を見ても，リージョナル・バリューチェーンの最適化に対する要請が高まっていることが分かる（図表6）。すなわち，それぞれの要素に影響を与える状況が大きく変化しているため，最適な活動の在り方も変わっていくのである。

3. リージョナル・バリューチェーン・リノベーションの基本的な枠組み

　次いで，地域全体を視野に入れた最適化・再構築の基本的な枠組みを確認することにする。なお，リージョナル・バリューチェーン・リノベーションという言葉では，単なる生産拠点の移転などではなく，再配置を通じて，リージョナル・バリューチェーンの競争力を高めることを想定している。また，バリューチェーン・リノベーションは，生産拠点の再配置だけでなく，開発機能やバックオフィス機能の最適化なども広く含むものとする。なお，競争力の向上とは大きくは，売上やシェアの拡大とコストや資産効率の改善を含んでいるが，以降ではコストや資産

効率の改善に絞って議論を進めていく。

　世界全体や特定の地域内でのバリューチェーンを設計する時に強く意識に及ぶことは，その域内における様々な「違い」である。東南アジアという地域を見た時に，歴史文化や経済水準の影響を受けて，ビジネスインフラの整備状況や人件費水準など供給面での「違い」があり，購買力や嗜好など市場面での「違い」がある。そういった「モザイク状」の地域における展開の設計においては，パンカジ・ゲマワット（2009）の「ＡＡＡ戦略」が大いに参考になる。すなわち，世界全体を視野に入れた時に様々な「違い」が存在しているということを前提に，Aggregation（集約：活動を集約させることによって規模効果などを得る），Arbitrage（裁定：人件費などの違いを活かす），Adaption（適応：それぞれの環境の違いに適応していく）のいずれかを志向することによって，競争力の向上へと繋げていくという戦略フレームワークである。

　このゲマワットの「ＡＡＡ戦略」を援用しながら，リージョナル・バリューチェーン・リノベーションの枠組みを考えてみたい。筆者が観察してきた域内再配置の事例を踏まえると，大きく3つの方向性があると言えそうである。

　1つには，ある活動を集約させることによるメリットを追求すること。例えば，タイとベトナムで同じ製品を作るよりもベトナムに集約した方が規模効果（稼働率の向上，調達交渉力の強化など）を得て製造コストを抑えることができるということや，各国に在庫を分散させる形からタイに物流ハブを持つことで域内の在庫を最適化するということが考えられる。

　もう1つには，各国の「違い」を活かすこと。例えば，タイ工場での製造工程の一部を人件費の低いラオスに移転するということや，バック

図表7　バリューチェーン・リノベーションの基本方向性"変形AAA戦略"

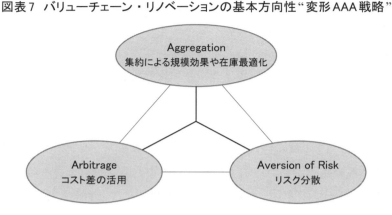

オフィス業務の一部をフィリピンに集約させることで業務の高度さと人件費水準の最適化を図るということが考えられる。

　最後には，リスク分散を図ること。例えば，自然災害や政治的混乱によって活動が停止してしまうリスクを分散するために近隣国に近しい能力を持つ工場を新設するというようなことが考えられる。

　これら3つの方向性は，必ずしも排他的なものではなく，主要な目的が集約化である一方で，リスク分散も意識して行き過ぎた集約を避ける，というようなこともある。ただし，総花的/玉虫色に検討を進めると，バリューチェーン・リノベーションの効果を享受できないばかりか，逆に競争力を低めてしまうので留意すべきである。

　このようにして見ると，リージョナル・バリューチェーン・リノベーションの基本方向性は，「AAA戦略」のうち"Adaption"を"リスク分散"に入れ替えた変形体とも言えそうなので，書き留めておく（図表7）。

Ⅳ おわりに

　本章で見てきた，①市場の進化への対応と②リージョナル・バリュー
チェーン・リノベーションは，マネジメントの対象となる機能が増える
こと，意識を向けるべき国が増えることを意味する（図表8）。

　それはすなわち，「現地の部門長」から「地域事業の社長」への視野
の転換とも言えるものであり，意思決定の複雑性は格段に増す。ところ
が，進出当時の工場や営業拠点という位置づけに多少肉付けをした程度
の機能や権限の強化で地域統括拠点ということにしてしまっているケー
スも現実には多く，拠点長には「地域事業の社長」たる責任や権限が与
えらえていないことも多い。

　ASEAN事業の戦略検討や実行に関連する様々な枠組みや方法論が開
発され，実務的にも様々な場面で活用されている。しかし，経営コンサ
ルタントとして日本企業のASEAN展開に伴走していて痛感すること
は，「そもそも，議論の対象とする全体/ユニバースを，どこに設定す
るのか」「そもそも，どこからどこまでを，自然な眼差しで視野に入れ
るのか」ということの難しさである。間違った設定のユニバースのなか
で，いかに方法論を振り回しても結論は間違っているであろう。さらに
言えば，間違った視野を持っている企業の多さ，そして，そのことへの
自覚の無さ。冒頭で紹介した丸山眞男の言葉に戻れば，めがねというも
のの，大切さと難しさに，改めて至る。

　変化の激しい新興国において，適切なめがねを持ち，変化を敏感に感
じとりながら，めがねの調整を繰り返していくことは極めて難しい。し
かし，そうであるからこそ，正しいめがねを持つ企業が掴める機会や避
けられる脅威は大きいに違いない。

　本章の議論の背景にある筆者自身のめがねが適切であるとも限らな

106　第4章　ASEANで戦う日本企業の今日的戦略論点

図表8　マネジメント範囲の拡大のイメージ

| 開発 | 製造 | マーケティング | 営業 | アフターセールス | 間接業務 |

タイ

ベトナム

マレーシア

インドネシア

過去の領域

これからの領域

い。しかし，めがねの大切さと難しさというものは，揺らぐことなく正しいに違いないので，最後にそのことを指摘して，本章を終える。

【参考文献・資料】

Ghemawat, P. (2007) *Redefining Global Strategy: Crossing Borders in a World Where Differences Still Matter*, Harvard Business School Press.（望月衛訳『ゲマワット教授の経営教室コークの味は国ごとに違うべきか』文藝春秋，2009年）

OECD (2016) "Making Global Value Chains work for ASEAN"

The Wall Street Journal "Unilever, P&G Try Tweaked Formulas, Higher Prices for Developing World" (2015/1/2).

大泉啓一郎（2011）『消費するアジア』中公新書。

経済産業省「海外事業活動基本調査」。

日経ビジネスオンライン「緊急速報！GT-R水野和敏氏が台湾自動車メーカーに！」。（http://business.nikkeibp.co.jp/article/life/20141210/275005/）

日本貿易振興機構（ジェトロ）（2016）「2016年度日本企業の海外事業展開に関するアンケート調査」。

日本貿易振興機構（ジェトロ）（2016）「アジア大洋州地域における日系企業の地域統括機能調査報告書」。

末廣昭（2010）「東アジア経済をどう捉えるか?―開発途上国論から新興中進国群論へ」環太平洋ビジネス情報（日本総合研究所）。

末廣昭（2014）『新興アジア経済論―キャッチアップを超えて』岩波書店。

陳晋（2014）『アジア経営論―ダイナミックな市場環境と企業戦略』ミネルヴァ書房。

西口清勝（2016）「ASEAN経済共同体とリージョナル・バリュー・チェーン」世界経済評論IMPACT。

丸山眞男（1964）『忠誠と反逆―転形期日本の精神史的位相』ちくま学芸文庫。

吉原英樹（1996）『未熟な国際経営』白桃書房。

小川達大

第5章

メコンビジネスと日本中小企業
――タイにおける事業展開を中心として――

I はじめに

　本章では，現代における日本企業，とくに中小企業の国際化について，近年チャイナプラスワンとして注目されているASEAN（Association of South-East Asian Nations：東南アジア諸国連合），とりわけメコン経済圏におけるビジネス（メコンビジネス）の可能性を前提に，なかでもタイ王国（以下，タイとする）での事業展開を中心にとりあげ，こんにちの事情を踏まえた日本の中小企業に求められる経営のあり方について考察することを目的とする。

　企業のなかには，事業活動をさらに拡大させ，成長発展を追求していく際に，自国を飛び出し世界へと活動領域を広げていくものもある。こうして一国を超えて，他国で事業活動を行うことを，ここでは企業の国際化と呼ぶことにする。なお国際化に類似した用語として海外進出や海外事業展開などがある。これらの用語は意味合いも異なって使われることもあるが，ここではとくに断りのない限りにおいて，国際化と同義としておきたい。

　企業の他国とのかかわりは，事業活動のプロセス（原材料輸入から部品・完成品輸出，完成品生産・販売まで）とそのさいの拠点にどのような機能を付するかなどによって，輸出か直接投資か，あるいは現地化など進出形態が異なることがある。さらに一概に他国といっても，北米・南米，欧州，アジア，アフリカなど，どの地域を指すのかによってその特徴が大きく異なる。重ねてどの国に，さらに言えば，どの都市に着目するかによっても，その特徴は大きく異なってくるであろう[1]。

---

1) 例えばアジアのなかでも中国での事業活動を想定すると，事業展開する先の都市が北京であるのか，上海であるのか，広州であるのかによって，その特徴が大きく異なりうるという意味である。

本章では，現代日本企業の国際化についてとりあげるが，日本企業の
なかでも中小企業に焦点を絞る。なお本章でいう中小企業は，断りのな
い限りにおいて，機械金属業種に属する中小ものづくり企業を想定して
いる。本章で対象を中小企業に絞るのは，日本における中小企業の海外
事業展開にあらわれる国際化支援が，日本政府により2011年に中小企
業海外展開支援大綱が作成されて以降，中小企業政策としての重要な課
題となっているためだけでなく，企業家にとっても市場創出や人材確保
など現代の経営課題の解決のための実践上重要な課題となっているため
である。さらには，そうした政策的・実践的な関心の高まりを背景とし
て，日本における中小企業研究をはじめとした学術的な関心もまた高
まってきているためでもある（関 2015f，丹下 2016）。

　また本章では，国際化のプロセス，なかでも直接投資に焦点を当て
る。これは，現代において，中小企業が輸出から直接投資への発展段階
プロセスを経ずに，初期の段階から直接投資を行うことができるように
なっており（関 2017b，遠原 2012），現地での雇用創出など経済的な貢
献の期待が高まっているためである。さらに本章では，中小企業の進出
先国・地域については，アジアのなかでも陸のASEAN（Continental-
ASEAN）と呼ばれるメコン経済圏，さらにはタイをとりあげる。この
理由は，詳しくは後でみていくように，1つには，近年チャイナプラス
ワンとしてASEANが注目されているためであり，2つには，ASEAN
のなかでも陸のASEANと呼ばれるメコン経済圏にはGMS（Greater
Mekong Sub-region：大メコン圏）と呼ばれる大規模なインフラ開発が
進行中で，大きなビジネスチャンスをもたらす可能性が指摘されている
ためであり（浦田・牛丸編著 2017），3つには，メコン経済圏のなかで
もタイは，メコン経済圏のインフラ開発の中心国であり，ビジネスチャ
ンスはおおいにあるが，近年のさまざまな制度変更によって経営のあり

方が大きく変容を余儀なくされていると考えられるためである。

　本章の構成は次のとおりである。第Ⅱ節では，いくつかのデータをもちいながら，アジアを舞台にした日本の中小ものづくり企業の国際化の実態を，とくにタイに焦点を当てながらみていく。第Ⅲ節では，日本の中小ものづくり企業にとっての，タイでの事業展開を中心としたメコンビジネスの魅力と留意点を，おもにタイにおける2つの制度転換を題材としながらみていく。第Ⅳ節では，メコンビジネスの展開を模索していくうえで求められる近未来型のビジネススタイルについて説明していく。第Ⅴ節では，メコンビジネスで求められる日本の中小企業経営の課題と展望を述べる。

Ⅱ　中小企業によるアジア「進出」の実際

1. 日本企業の国際化の概観—海外事業活動基本調査より—

　日本企業の国際化について調査されたものとして，もっとも信憑性が高く，他に類のない統計データとしては，経済産業省が実施している海外事業活動基本調査がある。この調査では，日本全国の企業の国際化（＝海外事業活動）を対象に，海外現地法人に関する質問がなされており，海外現地法人の事業展開の実際について本社企業が回答することになっている。2016年3月末現在において，本社企業9,601社に調査票が発送され，7,171社から回答があった。有効回答企業数は，本社企業が6,766社であり，現地法人企業数は25,233社であった。

　海外現地法人の所在地をみると，有効回答企業数25,233社のうち16,831社（66.7％に相当）がアジアを進出先としており，北米は3,268社（13.0％），欧州は2,942社（11.7％），そしてその他が2,192社（8.7％）となっている。アジアがもっとも多くなっており，その内訳を

みると，中国（7,900社，31.3％に相当）を筆頭に，次点がASEAN4
（マレーシア，タイ，インドネシア，フィリピンの4ヵ国）（4,493社，
17.8％）となっている。従業員数あるいは売上高でみても，アジアにお
ける現地法人のプレゼンスは非常に高い（従業員数が399万人で
71.6％，売上高が119.7兆円で47.3％）。

　中小企業の海外での事業展開を把握するための調査には，中小企業庁
が実施している中小企業海外事業活動実態調査がある。2016年12月末
時点で行われた調査によれば，海外で事業を展開している日本国内の中
小企業63,982社（うち39,632社が海外で事業を展開）に対し調査票が
発送され，有効回答企業数13,656社の回答があった。このうち43.9％
にあたる5,995件が海外で事業展開を行っているという。このうち，事
業形態別にみると，過半数を超える3,121社（52.1％）が輸出を行って
いる。直接輸出のみを行っている企業が33.0％，間接輸出のみを行っ
ている企業が30.6％，直接輸出と間接輸出をどちらも行っている企業
が32.0％となっている。また，直接投資を行っている企業は1,870社
（31.2％）である（なお業務・技術提携を行っている企業は1,128社
（18.8％））。設置している海外拠点の地域をみると，直接投資を行って
いる1,870社が設置している拠点数は合計で2,442拠点であった。それ
らのうち，86.4％がアジアであるとし，内訳は中国が785拠点ともっと
も多く，次点がタイで311拠点，次々点がベトナムで207拠点である。

　このように日本企業，とくに中小企業にとっては，国際化と一概に
言っても，近年では日本を除くアジアで，とくに中国のプレゼンスが高
く，さらに近年ではタイを含むASEAN 4（タイ・インドネシア・マ
レーシア・フィリピンの4か国）のプレゼンスが高くなってきているこ
とがわかる。

　中小企業庁の中小企業海外事業活動実態調査は（経済産業省の海外事

業活動基本調査も同じ）や，毎年実施されている調査であり，調査結果はあくまで調査を実施したその時点のものということになる。中小企業の海外での事業展開の実情を知ることができる1つのデータであることは間違いない。またそれに代わる公的なマクロデータも存在しない。しかしながらこの調査はすべての中小企業を対象としていないため，回答割合は参考の1つになるが，実数値としては中小企業の海外での事業展開の実態を把握することはできないという問題がある。中小企業の海外事業展開が期待され，またそれを促進する支援施策がありながらも，これまで中小企業の海外事業展開がどの程度進んでいるのか，また海外で事業を展開する中小企業がいかなる企業であるかなど，その実態としては必ずしも明確でない。それゆえ，中小企業の海外事業展開の実態をより把握しようとすると，別のデータを独自に収集する必要がある。

2. TDBデータベースに基づく独自把握

　ここで有用になると考えるのが株式会社帝国データバンク（以下，TDBとする）のデータベースである。TDBでは，自社データベースおよび聞き取りに基づく信用調査報告書ファイル「CCR」（160万社収録）および公開情報をもとに，海外進出企業データを整備している。またTDBでは，CCR以外にも，電話調査などにより毎年更新している，聞き取り項目の少ないCOSMOS2がある。COSMOS2には，「企業所在地」「創業年」「従業員数」「資本金規模」「売上高」「海外拠点の有無」などが入力されている。

　TDBのデータベースは，日本企業の海外進出の実態を把握するために構築されたものではない。このためTDBのデータから導き出される含意には，十分に留意を払う必要がある。TDBのデータベースのなかでの海外とは，データ上の制約から，ASEAN＋中国・インドの一部地

域となっている。また進出とは，日本以外の国にて何らかの拠点を有している状態を指す（拠点の有無のみを確認し，ある場合にその所在国を尋ねたゆえ，厳密にはこの拠点がいかなる形態であるのかの特定はできない）。このような制約はあるが，TDBのデータは，限定的ながらも事業展開先の国・地域を把握することができ，さらに海外における日本企業の国際化（＝海外事業展開）の実態をより把握することができる。

　TDBの海外進出企業データをもちいて，日本企業の国際化の実態をみたものが，図表1である。海外拠点地域についてみると，TDBのデータベースによれば，中国に進出している企業がもっとも多く，全産業で14,394社（2012年8月末時点）となっている（2012年9月時点のCOSMOS2にマッチする企業でみると14,426社となっている）。中国に次ぐのがタイで，全産業で3,133社（2011年10月31日時点），またベトナムが1,542社とそれに続く（2012年1月31日時点）。

図表1　日本企業の海外進出の実態

国名	企業数	収録年月
中国	14,394	2012年8月末時点
インド	672	2011年2月28日時点
タイ	3,133	2011年10月31日時点
ベトナム	1,542	2012年1月31日時点
マレーシア	1.383	2012年3月末時点
インドネシア	1,266	2012年3月23日時点
ミャンマー	91	2012年10月末時点

出所：関（2013a）。
　　　帝国データバンクのデータベース。

　日本企業の国際化のなかでも，海外拠点の実態について具体的にみていくために，対象を絞ってみていくことにしたい。具体的には，業種を金属製品，一般機械器具，電気機械器具，輸送機械，精密機械の機械金属5業種に絞ることにする。機械金属5業種全体でみると，海外に何ら

かの拠点がある企業は4,494社であり，これは全体の6.1％を占めている。業種別では，電気機械器具の割合が9.7％ともっとも高く，続いて輸送機械，精密機械と続く。

図表2　業種別にみた海外の拠点の有無

	拠点あり		拠点なし	全体
	度数	有効%	度数	度数
金属製品	783	3.5	21,448	22,231
一般機械器具	1,598	5.8	26,106	27,704
電気機械器具	1,334	9.7	12,480	13,814
輸送機械	517	8.3	5,725	6,242
精密機械	262	7.6	3,175	3,437
合計	4,494	6.1	68,934	73,428

出所：関（2013a）。
　　　帝国データバンクのデータベース。

　また，拠点の数をみていくと，その国・地域数がただ1つという企業が2,994社ともっとも多く，全体の66.6％を占めている。業種別には，金属製品は拠点を1つだけしかもたない企業の割合が76.1％と多いが，これに対して一般機械器具ならびに電気機械器具では，国・地域の数は比較的広がりがあることがわかる。

図表3　業種別にみた海外に拠点がある国・地域数の割合（5以上は統合）

	1	有効%	2	有効%	3	有効%	4	有効%	5以上	有効%	合計
金属製品	596	76.1	125	16.0	36	4.6	19	2.4	7	0.9	783
一般機械器具	1,071	67.0	289	18.1	129	8.1	58	3.6	51	3.2	1,598
電気機械器具	838	62.8	276	20.7	108	8.1	54	4.0	58	4.3	1,334
輸送機械	315	60.9	98	19.0	45	8.7	29	5.6	30	5.8	517
精密機械	174	66.4	50	19.1	20	7.6	11	4.2	7	2.7	262
合計	2,994	66.6	838	18.6	338	7.5	171	3.8	153	3.4	4,494

出所：関（2013a）。
　　　帝国データバンクのデータベース。

3. タイでの事業展開

　TDBのデータベースであるCOSMOS2のデータで，タイに拠点を有する企業（以下ではこうした企業を「タイに進出している企業」とする）を抽出したところ，2011年10月31日時点で3,133社にのぼることが明らかとなっている。業種別にみると製造業が55.4%（1,735社）と過半数を占めている。この数は，タイ商業省事業開発局（DBD：Department of Business Development）とバンコク日本人商工会議所との双方のデータベースと比べると，業種が判明している3,884社のうち製造業に該当する企業が48.4%（1,879社）となっており，その数は異なるが，タイに進出している企業の多くが製造業であるということは共通している[2]。

　タイに進出している企業のうち，製造業，なかでも機械金属業種に分析対象を限定する。この機械金属業種とは，具体的には，金属製品製造業，一般機械器具製造業，電気機械器具製造業，輸送用機械器具製造業，精密機械・医療機械器具製造業，の5業種である。これらの業種に限定する理由は，タイでは，日本を代表する自動車企業ならびに家電企業が多く立地しており，関連企業の厚い集積が各地にみられることで知られているためである。こうして抽出された機械金属業種企業は，1,015社にのぼる。これは，同じく機械金属業種に属するTDBの全国企業73,650社のうち，1.4%にあたる。

---

2) タイにおいては，日系企業の集積が多くみられるとよく言われるが，この日系企業の集積を示すデータとして，バンコク日本人商工会議所『タイ国経済概況 2010 / 2011年版』がある。このデータは，DBDのデータベースとバンコク日本人商工会議所のデータとを結合させたものである。これによるとタイに存在する日系企業の数は6,773社となっている。ただし，そのうち企業活動が確認された企業は53.9%にあたる3,651社である。それ以外は，おもに電話番号が入手できないか（2,066社：30.5%），あるいは登記住所に存在していないか（873社：12.9%）である。残りは閉鎖された数である（183社：2.7%）。3,651社のうち，従業員でみた企業規模が把握できたのが3,083社で，そのうち33.7%にあたる1,024社が中小企業となっている。

また，以下ではとくに企業規模ごとの差異に注意を払う。これは，自動車企業ならびに家電企業が加工組立型産業であることから，特定の親企業を頂点とする階層的な分業・取引構造が形成されていることが想定され，そうした親企業に比べて相対的に規模が小さな中小企業の多くが親企業の進出に付随してタイに進出していると考えられるためである。

特定の親企業と取引をしている中小企業のなかには，言わば支配的関係の下に置かれている企業も少なからず存在する。こうした企業群は系列企業と呼ばれる。TDBでは，「出資の多寡，意思決定への影響の強弱を問わず，実質的な支配的関係の下にある」企業群を「グループ系列」としている。以下では，このようにグルーピングされる企業群を系列企業と呼ぶことにする。TDBのデータベースでは，機械金属業種企業1,015社のうち，29.2％（296社）が系列企業となっている。系列企業ではない企業群を独立企業とすると，独立企業は70.8％（719社）存在している。このように，タイに進出する企業の多くは，特定の親企業と支配的関係の下に置かれていない独立企業である。

系列企業ではない，言わば独立系機械金属業種企業719社に焦点を当て，まず，タイ進出の動向をみていく。企業の進出年をみたものが，図表4である。従業員300人以上とそれ未満とで従業員規模別に図示している。これまで，機械金属業種企業のタイ進出は，大きく①1980年代後半から1990年代初頭，②1990年代中頃から1990年代後半，③2000年代，の3つの進出ブームがあるように見ることができる。第1期では，おもに従業員300人以上の大企業が進出を牽引したが，第2期では，大企業ならびに従業員300人未満の中小企業の進出数を増大させており，さらに第3期では，大企業の進出が少なくなるが，中小企業の進出数は第2期と同じくらいの数で進出している，という点が特徴である。言わば，第3期のタイ進出は，中小企業が牽引しているとも言うことができる。

図表4 従業員規模別にみたタイへの進出年

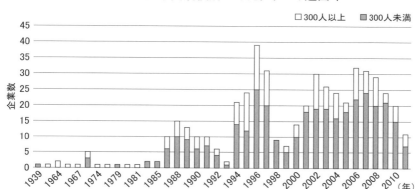

(出所)帝国データバンク調査報告書ならびにCOSMOS2のデータより筆者作成。

図表5 タイに進出する企業の特徴：業種別にみた従業員数(区分別)

	金属製品		一般機械		電気機械		輸送用機械		精密・医療機械		総計	
	企業数	構成比率	企業数	構成比率	企業数	構成比率	企業数	構成比率	企業数	構成比率	企業数	構成比率
0. 1〜3人	0	0.0%	3	1.1%	4	2.7%	0	0.0%	0	0.0%	7	1.0%
1. 4〜9人	2	1.4%	8	3.0%	3	2.0%	0	0.0%	1	3.8%	14	2.0%
2. 10〜19人	8	5.8%	15	5.7%	11	7.4%	1	0.7%	2	7.7%	37	5.2%
3. 20〜29人	8	5.8%	17	6.4%	5	3.4%	1	0.7%	1	3.8%	32	4.5%
4. 30〜49人	21	15.2%	32	12.1%	11	7.4%	11	8.0%	2	7.7%	77	10.8%
5. 50〜99人	26	18.8%	38	14.3%	20	13.4%	19	13.8%	1	3.8%	104	14.5%
6. 100〜199人	25	18.1%	41	15.5%	10	6.7%	25	18.1%	3	11.5%	104	14.5%
7. 200〜299人	7	5.1%	21	7.9%	14	9.4%	13	9.4%	1	3.8%	50	7.8%
8. 300〜499人	16	11.6%	26	9.8%	12	8.1%	12	8.7%	3	11.5%	69	9.6%
9. 500人以上	25	18.1%	64	24.2%	59	39.6%	56	40.6%	12	46.2%	210	30.2%
総計	138	100.0%	265	100.0%	149	100.0%	138	100.0%	26	100.0%	710	100.0%

(出所)COSMOS2のデータより筆者作成。

　従業員数を区分別にみたものが、図表5である。平均値が最も高い電気機械では、従業員数が500人以上の企業層が39.6%となっている。しかし、輸送用機械では平均値こそ電気機械よりも少ないが、500人以上の企業層は40.6%とその比率は高くなっている。これらに対して、金属製品では、従業員数50〜99人の企業層が18.8%、30〜49人の企業層

120　第5章　メコンビジネスと日本中小企業

も15.2％と，他の業種よりもこの規模の企業層の比率が高くなっている。

　業種別に従業員の割合を，従業員数300人を基準としてみたものが，図表6である。これによると，金属製品ならびに一般機械で，300人未満の層が他の業種と比べてより厚くなっていることがわかる。

図表6　タイに進出する企業の特徴：業種別にみた従業員数（300人を基準とする区分別）

	金属製品		一般機械		電気機械		輸送用機械		精密・医療機械		総計	
	企業数	構成比率	企業数	構成比率	企業数	構成比率	企業数	構成比率	企業数	構成比率	企業数	構成比率
300人未満	97	70.3%	175	75.8%	78	52.3%	70	50.7%	11	42.3%	431	60.2%
300人以上	41	29.7%	90	24.2%	71	47.7%	68	49.3%	15	57.7%	285	39.8%
総計	138	100.0%	265	100.0%	149	100.0%	138	100.0%	26	100.0%	710	100.0%

（出所）COSMOS2のデータより筆者作成。

Ⅲ　メコンビジネスの魅力と留意点
―タイにおける2つの制度転換―

1. チャイナプラスワンへの対応とASEANの重要性

　日本企業の国際化の歴史を振り返ると，日本においては，高度経済成長以降，国内需要の高まりに応じ，日本企業の多くが日本国内で生産したものを国内で販売してきた。その後，高度経済成長が終焉を迎えるにあたって，新しい市場を求めて輸出を進めてきた。しかし，1970年代以降，固定相場制から変動相場制へと転換し，円高傾向になったことによって，輸出では採算が合わなくなった。そこで日本企業のなかには，円高の推進とともに生産拠点の海外移転を進めるものも出てきた。海外での生産は1980年代以降急速に展開された。海外事業活動基本調査では，海外生産の状況を記録しているが，これによると，2000年代に入ってからにおいても，円高傾向もあいまって，海外生産比率は年々上昇傾向にあることがわかる（しかしこの数年の円安傾向により，一部には国

内生産回帰傾向がみられる事例もある)。

　日本企業の国際化といえば，現状ではその先の多くが中国であった。これまでに日本を含む全世界から中国に多くの企業が進出し，生産拠点を集中・集積させてきた。そのような集中・集積の実態を称して，中国は「世界の工場」と言われてきた。この背景には，中国が1970年代末から進めることになった改革開放に伴う著しい経済発展がある。高度成長を実現する中国にて事業を展開すれば，その成長にあいまった事業展開を実現することができると期待された。

　しかしながら，中国において事業を展開させれば，どこもかしこも必ず成功したというわけではない。現地への適応には多くの困難があり，なかには失敗したり，撤退を余儀なくされたところもあると言われる。さらに近年には，中国におけるさまざまなリスク（カントリーリスク）が顕著となっており，多くの日本企業がそのリスクに直面し，対応を余儀なくされている。具体的には，1990年代後半くらいから，沿海部を中心に人件費および光熱費など諸費用が高騰してきており，これにより中国で生産するメリットが低下している。このような状況に直面した日本企業のなかには，すでに拠点を有している中国とは別の国にもう1つ新規に拠点を設けることにより，中国におけるさまざまなリスクを軽減させようとするところも出てきている。これはチャイナプラスワンと呼ばれる。

　チャイナプラスワンとして，中国以外の国（地域）として年々期待が高まっている先がASEANである。ASEANは10ヶ国から構成されているが，これら10ヶ国の経済格差は顕著であり，また問題をともなっている。しかしながら，後述するように，日本企業のASEANにおける事業展開にとって，この格差の存在が事業展開上の重要なポイントとなる（藤岡編 2015）。ASEANが日本企業の国際化の先として重要である

とする2つの理由がある。その1つは，広域的なFTA（Free Trade Agreement：自由貿易協定）の締結である。ASEAN域内は，早い段階からFTAを締結してきている。1993年にASEAN6でASEAN内のFTA（AFTA）が始まって以降，デファクト的統合として段階的に進められてきた。2015年12月には，FTAの締結も含めたASEAN域内の専門労働者の移動や企業の投資活動の自由化も目指す，AEC（ASEAN Economic Community：アセアン経済共同体）が部分的ながらにも発足した。ASEAN10ヶ国は，2008年12月にASEAN憲章を制定したさいに，ASEANとしての中長期ビジョンとしてのRoadmap for ASEAN 2009-2015を策定したが，そのなかで，AECは，APSC（ASEAN政治・安全保障共同体），ASCC（ASEAN社会・文化共同体）とからなるASEAN共同体の1つとして位置づけられた。1つのASEANそして，ASEANの「中心性」（ASEAN Centrality）[3]の実現を目指そうとするものである。AECが取り組むべきポイントは，大きく，①貿易・投資の自由化・円滑化，②サービス分野の自由化（航空，観光，物流など），③コネクティビティ（物的・制度的・人的連結性），④公正な経済開発（ASEAN域内の経済格差是正）の4点にある[4]。

　ASEANはその域内だけでなく，周辺国である中国やインドともFTAを締結しており，ASEAN域内からの輸出については一部例外品を除く貿易の自由化がなされている。つまりASEANは，第三国拠点としてその役割を高めている。中国やインドでは，それぞれ多くの人口をかかえている。またこれらの地域では，富裕層，中間所得層の割合が顕著に伸

3）ASEAN重要性とは，ASEANを構成する国々が互いに経済的な協力関係を深めることによって，NAFTAやEUといった他の経済統合体に匹敵するだけの高い存在価値を持つことを意味する。

4）AECについては，助川（2011）が詳しい。

びている。とくに中国については，生産拠点でなく，もはや消費拠点に様変わりしつつある。ASEAN+中国・インドのFTAにより，中国の13.8億人，インドの13.2億人，そしてASEANの7.2億人が足し合わさると（以上，数字はすべて2016年のもの），じつに34.2億人になり，さらに増大する中間所得者層や富裕層の動向を見据えると，近い将来には有望な巨大市場となることは間違いない。この巨大市場の中心に立つ地域，それがASEANなのである（藤岡・チャイポン・関編 2012，藤岡 2013）。

　ASEANが重要であるとするもう1つの理由は，GMSの開発である。これはアジア開発銀行などが進めている一大プロジェクトであり，インドシナ半島の物流インフラの整備である。経済回廊（「陸の回廊」とも言われる（進藤 2013））と呼ばれる物流インフラが整備されてきた。南はタイのバンコクから北は中国の昆明まで続く南北経済回廊，東はベトナムのダナンから西はミャンマーのモーラミャインまで続く東西経済回廊，そして南は，ベトナムのホーチミンからタイのバンコクまで続く南部経済回廊の3つの経済回廊がある。南北・東西にわたる3億人の人口と250万平方キロメートルを抱える経済回廊が整備されつつある。これらのなかで近年着目されているのが，南部経済回廊である。2015年4月にカンボジアの国道1号線にメコン川にかかるネアックルン橋が開通したことにより，バンコク〜プノンペン〜ホーチミンが陸路でつながった。また現在，開発が急速に進められているのが，東部経済回廊であり，とくにタイの首都バンコクから西に300キロメートルのところにあるミャンマーのダウェイ国境開発である（田口 2013）。タイの国境地帯であるプーナムロン，そしてカンチャナブリを通ってバンコクに至るルートに，日本企業から目下注目が集まっている。ミャンマーのダウェイでは，経済特別区の開発が進められているところであり，2万500ha

図表7 メコンにおける経済回廊

（出所）http://www.meti.go.jp/report/tsuhaku2010/2010honbun/html/i2420000.html（2017年9月閲覧）より作成。

の工業団地，深海港の建設，そしてバンコクまでの高速道路の開発が行われている。2012年には，プーナムロンの国境ゲートが公式に開設された。貨物輸送では，これまでタイのバンコクからインドのデトロイトと呼ばれるチェンナイに輸送する場合，マラッカ海峡を越えて運ばねばならなかったため，輸送に約1週間かかっていた。これがダウェイを通すと，バンコクからチェンナイまで約3日で可能となり，輸送リードタイムが大幅に短縮することが期待されているという（田口 2013）。まさに「黄金のベンガル湾の時代」の到来である（松島 2012）。

2. ASEANにおけるタイビジネスの可能性と課題

　ASEANといっても，構成される10ヶ国の間には経済格差も含めてさまざまな特徴があり，どの国に着目するかによってその意味が大きく異なる。日本企業の国際化にとってすれば，ASEANでの事業展開の起点となるのは，陸アセアンとしてのメコン経済圏であり，そのなかでもとくにタイの首都バンコクないしその近郊であろう（松島2012・2015）。日本とタイとの関係は歴史的にみても長く，日本企業のタイ進出は早い段階から行われており，一大企業集積が形成されている。さらにGMSの開発状況からみても，タイのバンコクからであれば，周辺国を中心に国境をまたがったクロスボーダー的な事業が展開しやすいなど地政学的な優位性もある。また，タイのバンコクにある国際空港からでは「1日10時間圏内」とも言われるほど，タイから他のASEAN諸国への接近性も強みとしてある。

　しかしながら，タイにおいては，業種にもよるが，すでに日系企業だけでなく外資企業も多く進出している。ローカル企業もレベルを上げてきており，競争は激しくなっている。こうしたことから，これから新規にタイに進出するにはすでに遅いのではないかと懸念する声もある。さらに，重要なのは，この最近にタイ政府が行った2つの大きな制度転換である（関2014b・2015a）。制度転換の1つは，外国企業誘致政策の転換である。外資系企業による投資の動向を確認するものとして，タイ投資委員会（BOI：Board of Investment Thailand）の認定案件があげられる。タイでは，外資系企業がタイに進出するさいに，政府に届出をする必要がある。このタイ政府の窓口がBOIである。BOIは，タイにおける産業振興を目的としたタイ政府による産業政策上の外資誘致施策を担う機関である。BOIでは，（1）農業および農産物からの製造業，（2）鉱物，セラミックス，基本金属，（3）軽工業，（4）金属製品，機械，

輸送用機器，(5) 電子・電気機械工業，(6) 化学工業，紙およびプラスチック，(7) サービス，公益事業，といった業種を奨励してきた。BOIは，タイの地域別誘致施策であり，3つのゾーンごとによってメリットの得られる程度が異なっていた。地域別の3つのゾーンとは，第一ゾーンがバンコク首都圏，第二ゾーンがバンコク首都圏周辺，第三ゾーンがその他の県である。BOIに認定されると，外資系企業は次のようなメリットを得ることができた。1つは，法人所得税の減免である。2つは，設備投資のための機械等の輸入関税の減免である。3つは，法人名義による土地所有の許可である。4つは，容易な労働許可書の取得である。このように，外資系企業にとってBOIに認定されることはメリットも多く，それゆえ外資系企業の多くがBOIの認定を受けてきた。

　しかしながら，ここにきてタイ政府は投資政策の大幅な転換を行った。具体的には，ゾーン制の廃止であり，この代わりとして，これまで幅広く設定されてきた奨励業種（前掲）をいっそう絞り込む方針を示した。具体的には，新しい投資政策として，前掲の奨励業種のなかでも重工業や付加価値が低い労働集約型産業，また環境問題を引き起こしたり，あるいはエネルギーの消費量が多かったりする分野は奨励業種とはせず，この代わりに，基幹インフラ・物流，基幹産業，医療・科学機器，代替エネルギー・環境サービス，工業振興サービス，最新技術，食品・農産加工品，接客サービス・健康，自動車・運輸，電子・電気製品の10分野[5] に代表される「環境」，「ハイテク」，「再生エネルギー」を

---

5)「タイ投資委員会（BOI）投資恩恵を追加」」『Bangkok Post』2013年4月17日号による（http://japan.thaitrade.com/whatsnew/13/1318/index.html）（2013年12月31日閲覧）。この記事によれば，BOIによる新しい投資政策は，2013年7月の実施が見込まれ，8月には委員会で審理される予定とある。しかし筆者がBOIのウェブサイト（http://www.boi.go.th/index.php?page=index）を調べる限り，完全に新しい投資政策が実施されたことは執筆時点で確認できていない。

キーワードとする，タイの経済社会に貢献する事業分野に注力すると言われている。タイのローカル企業も着実に力をつけてきており，そうしたタイのローカル企業ではできない，あるいはローカル企業の生産性をさらに高めることに寄与することができるような企業の誘致を望むようになっている。また，BOIは，投資の集中を促進する地域の産業クラスター形成や，国境を接する国々とのサプライチェーン構築への投資についても注力すると言われている。

制度転換のもう1つは，最低賃金制度の転換，つまり，最低賃金の引き上げである[6]。タイでは，他のASEAN諸国のなかでもとくに少子高齢化が進展しており，中長期的に見た生産年齢人口の減少が問題視されている。タイにおける失業率は，2002年から減少傾向にあり，直近の2013年には1%を下回る水準となっている（熊谷 2013）。失業率については，タイの労働力調査（LFS：Labor Force Survey）を参照した熊谷（2013）の指摘が参考になる。つまり「余剰労働力の受け皿となっている農林水産業での就業者比率が高いこと，自営業比率が高いことなどから，一定程度の幅を持ってみる必要がある‥‥LFSでは調査対象期間中に1時間以上の労働を行っていれば就業者とみなされるため，実質的な失業者が就業者に分類されている可能性もある」など，そのデータについては慎重に検討しなければならない。しかし，とはいえ，「週の労働時間が35時間未満であり，かつ，追加的な仕事を希望している『低

---

6) タイ国では，1973年以降，地域ごとに日額最低賃金が設定されている。2001年まではタイ国を3つのゾーンに分けた3段階の賃金体系であったが，2002年以降は，各地域（県）の実情に応じた賃金水準を定めるようになり，各地の物価上昇率が考慮され，全国の平均インフレ率に基づき決定されるようになった。2006年8月1日には，インフレの加速に伴って，消費者物価の上昇やその他政治的要因などから，2006年1月1日発効の法定最低賃金の改定から7か月後の再改定となった（以上は，http://www.fact-link.com/handbook_307.phpによる（2013年12月31日閲覧））。2012年6月からは，最低賃金300THBの導入がなされ，2013年1月から全国一律で300THBとなった。

128　第5章　メコンビジネスと日本中小企業

図表8　タイにおける最低賃金推移表（1989～2017年）

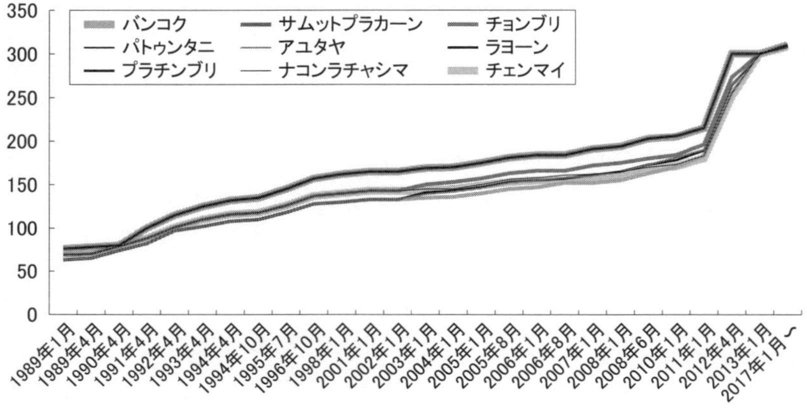

雇用者』とよばれる就業者の比率も低下傾向にあることから，実態とし
て需給が逼迫傾向にある」，つまり労働力不足が深刻化しつつあるとい
えよう（熊谷 2013）。

　こうした生産年齢人口の長期的な減少傾向，また労働力不足化現象と
相まって，2013年1月からタイ政府は，これまで地域別に異なってい
た最低賃金を一律に同一の日額を300THB（1THBは2017年9月現在
で3.4円程度）に，月額を1万THBに引き上げた。タイ政府は，2017
年1月から再度最低賃金を引き上げ，各県の経済情勢などに応じて引き
上げ幅が異なっており，幅はわずかではあるが，再び地域ごとに差がみ
られるようになったが，図表8をみてもわかるように，2013年1月の1
日300THB，1か月1万THBの一律引き上げのインパクトがかなり大き
かった。

　もとより，タイの主要な工業団地は，首都バンコクから東へ車で1～
2時間程度のところに集中している。この動きは，2011年の洪水以降，
選好される傾向にあり，これがさらに労働力不足化に追い打ちをかけて

いる（熊谷 2013）。日系企業が多く集積している工業団地もそうした地域に多くあり，これらの日額最低賃金はタイの他の地域と比べて比較的高くなっている。そうした工業団地内における労働力は，おもに賃金が，そうした工業団地と比較して低いタイの地方からの出稼ぎ労働者が担ってきた。タイでは，工場でのブルーワーカーなどの初任給が最低賃金近辺に設定されることがある（末廣・東 2000，熊谷 2013）。しかし日額最低賃金が，タイのなかでどこであろうとも一律日額300THBとなると，そうした地方からの出稼ぎ労働者からすれば，出身地で家族と一緒に暮らしながら，仮に農園に従事したとしても同じ日額賃金を得ることができるようになったために，わざわざ工業団地まで出向いて工場労働に従事しなくなる[7]。

　また労働集約的な産業を担ってきたミャンマー人の出稼ぎ労働者も減少している。これまでタイへは周辺国であるミャンマーをはじめ，ラオスやカンボジアなどの出稼ぎ労働者が多く見られた。『タイ国経済概況（2010/2011年版）』によれば，なかでもミャンマー人（とくにカレン族）は，2008年から2009年にかけて約47万6千人から約107万9千人と約1.4倍もその数を増やした。しかしながら，「タイの労働需給のバッファーとして機能してきたミャンマーからの出稼ぎ労働者が，2011年後半以降の（ミャンマー）国内政治経済改革や欧米の経済制裁の解除に伴う今後の高成長期待を受けて，本国に帰郷している‥‥ため（筆者中略），労働集約的な産業での労働力不足を招いている可能性がある」（熊谷 2013）。こうしてバンコク近郊の工業団地ではブルーワーカーの確保が非常にむずかしくなってきている。

7）大泉（2011）は，都市部と地方の賃金格差の縮小，農業従事者の高齢化などにより，余剰労働力の都市部への流入が減少していると指摘している。

Ⅳ 現代中小企業に求められる近未来型ビジネス

　タイにおいてみられる経済社会情勢の変化を前提にすれば，日本の中小企業にとって，メコンビジネスの展開を模索していくうえでは，従前型での国際化はもはや困難であり，近未来に対応した新しいビジネススタイルを確立しなければならない。この新しいビジネススタイルには次のような特徴がある。

　1つは，推進する事業がメコン経済圏の進出先国・地域の経済社会の向上に貢献できる事業であるということである。従来，日系企業はタイでみられたような進出後も日系企業と取引をする，つまり「日本村」が多く（関 2014b），日本国内に本社をおく日系企業のためのビジネスを追及してきた傾向がある。しかしながら，これから求められるのは，メコン経済圏の国・地域の経済社会の発展，すなわちローカル企業の発展ないしは当該国・地域の国民の生活水準の向上に寄与するようなビジネスでなければならない。

　このためには，1つには，製品でなく技術を売る必要がある。例えば，メコン経済圏のなかでもタイが日本企業の進出先として魅力があるといっても，タイのローカル企業も日系大手企業のサプライチェーンに組み込まれ，日本市場の品質要求を部分的に満たすようになるなど着実に技術力を高めてきていることから（関 2015e），タイのローカル企業と競合するかたちでの進出は決して歓迎されない。タイのローカル企業では十分に対応することができないような，高度な技術力が必要とされている。この技術を売るビジネスが成功の鍵となる。この意味においては，日本のものづくりの国際競争力を支えてきた中小企業が保有する高度な技術力がタイで大きな強みとなる可能性が高く，中小企業がタイにて事業展開を模索していくさいには，タイのローカル企業を顧客とした

タイ市場に直接売り込む事業展開が求められる。

　もう1つは，近未来におけるメコン経済圏の国・地域で事業展開をしていくうえでのプラスワンの視点が求められる。これは海に囲まれた島国の日本は必ずしも得意でない視点であり，陸地でつながっている国・地域間の経済的な差異を活用した事業展開を図らなければならないというものである。例えば，タイでは，タイへ進出しようとする日本企業は，タイの経済社会に貢献するような事業か，あるいはタイ企業の高付加価値化に貢献するような事業を展開することが求められるが，これを前提とすると，コストの安い労働集約的なものづくりは，タイの周辺諸国であるミャンマーやラオス，またはカンボジアといった国境地域で行わなくてはならないかもしれない。例えば，南部経済回廊では，タイやベトナムにて事業を展開させている企業が，それぞれのプラスワンとしてカンボジアに材料を送り，人手のかかる工程をカンボジアで行うビジネスもすでに実践途上にある（浦田・牛山編著 2017）。さらには，生産だけでなく販売という点においても，従前と同じように生産されるものは，タイでなく消費地として期待されるベトナムなどの諸国に販売しなくてはならないかもしれない（関 2015b）。こうした一連の予測は，まさにメコン経済圏での経済格差を活用したビジネス実践であり，この周辺国を目論んだビジネス実践こそがこれからのメコンビジネスでの成功の鍵となると言える。このようにタイを中心とした周辺国の経済格差を利用した国際分業を構築する動きは，タイプラスワンと言われ（藤岡編 2015，大泉 2013）中小企業においても，タイで事業展開を模索するさいには，タイプラスワンの視点が必要不可欠となる。

　現在，国際化を試みようとしている日本企業，なかでも最近展開を試みている中小企業の多くは，中国やタイ，さらにベトナムなど，それぞれ1ヶ国での事業展開が多いように見える。現実的に国際化を実践する

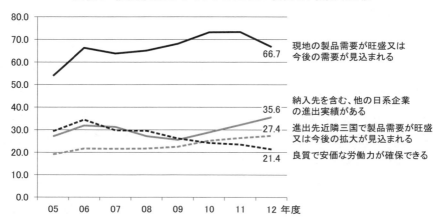

図表9　投資決定のポイントの上位4項目の時系列比較

（出所）http://www.meti.go.jp/statistics/tyo/kaigaizi/result/result_43/pdf/h2c43-2.pdf（2017年9月閲覧）

　中小企業の多くは，多国籍化に至らず，多くは2国籍企業にとどまっているといえる。メコンビジネスを前提とすると，メコン経済圏においてはどこの国に展開していくにおいても，プラスワンの視点が重要になろう。さらに，より問題であるのはメコン経済圏でのプラスワンの発想に乏しく，国籍の異なる人材を含めた多様な人材をマネジメントするダイバーシティ・マネジメントも得意ではないという点である（関2017b）。もちろん，日本企業のなかには周辺国を意識した国際化を実践したり，検討したりしているところもある。経済産業省の調査によれば，国際化実践のための投資を決定するさいには，現地の市場への期待がもっとも高いが（図表9），周辺国の市場への期待も次第に高まってきており，さらには国際化の先の国における安価な労働力確保への期待は，この最近では下がる傾向にあることが明らかになっている。しかしながら，韓国や中国などの企業群はすでにタイプラスワンの発想を基にメコン経済圏でビジネスを展開しているだけでなく，タイのローカル企業も確実に

力をつけてきており，周辺国へ事業を拡張しつつある（関 2014a）。国際的にみて，日本企業はASEANビジネスでは遅れをとっていると言わざるをえない。

V おわりに─メコン経済圏における中小企業経営の課題と展望─

　本章では，現代における日本企業，とくに中小企業の国際化について，近年チャイナプラスワンとして注目されているASEAN，とりわけメコンビジネスの可能性を前提に，なかでもタイでの事業展開を中心にとりあげ，こんにちの事情を踏まえた日本の中小企業に求められる経営のあり方について考察することを目的としていた。

　現代日本の中小企業にとって，その数はまだ多くはないが，国際化はもはや不可避であろう。しかしながら，本章でも紹介してきたように，メコンビジネスを展開していくうえでは，タイでの2つの制度転換にあらわされるように，従前型での国際化はもはや困難であり，1つには，推進する事業がメコン経済圏の進出先国・地域の経済社会の向上に貢献できるような技術を売りにするビジネス，またもう1つには，メコン経済圏の国・地域で事業展開をしていくうえでのプラスワンの視点をもったビジネスといった，近未来に対応した新しいビジネススタイルを確立しなければならない。

　それではこうした近未来型の新しいビジネススタイルを確立していくためには，日本の中小企業にとって何が必要であろうか。結びに代えて2つの点を指摘しておきたい。1つは，経営者の国際的なビジネスマインドである。しかし，そもそも日本企業ないし日本の企業経営者は，海外，とくにASEANなど新興諸国からNATOと批判されることがある。NATOとは，No Action Talk Onlyであり，現地の視察はするものの，

事業はしないという揶揄である。日本は島国という地政学的な特徴から，自国を飛び出すことは海を越えなければならず，そこに抵抗を感じることがあるかもしれない。しかしながら，これからの国際化時代においては，日本企業，とくに中小企業経営者は，国際社会のなかで国際志向を高め，世界のなかで自社および自身のプレゼンスを高めていかなければならない。

　もう1つは，希求する進出先の国・地域とのアクセシビリティの可能性である。中小企業の場合，国際化は不可避といっても，大企業のような事業展開は困難である。そのため，これから日本の中小企業が，メコンビジネスを展開させていこうとするさいには，現地の経済社会および企業とうまくつながり，相手側のスタンスに立った事業展開を行う必要がある。しかしながら，自社単独で現地に乗り込んだところで，相手側の事情を理解したり，懐に飛び込んだりすることは決して容易ではない。このために，とくに現地の産業界・企業や，それらと太いパイプのある現地の機関（および担当者）とつながり，パートナーとなることで，現地の経済社会および企業とのアクセシビリティの機会を得ることがまずは重要であろう。

　しかしながら，個々の企業（経営者）と個々の機関（担当者）が直接的にかつ即座につながるということは決して容易ではない。さらに時間・費用といったコストもかかる。さらに昨今のASEAN事情およびタイのようなメコン経済圏における経済社会情勢の変化を鑑みると，時間・費用をかける余裕もないであろう。だからこそ，個々の企業同士だけでなく，それに加えて，より広い次元で日-タイの（さらにはタイでなく，カンボジアやラオス，ミャンマーなどといった周辺国およびメコン経済圏を見据えたスケールでの）コミュニティ同士をつなぎあわせていく（現地コミュニティとのネットワーキングを実践していく）場づく

りが，より多く実践されていくことが重要であろう（関 2015a）。この場づくりを，いったい誰が行うのかについては課題があるが，あらゆる関連の主体が主役となり，より多くの企業・機関（担当者）がつながり合い，互いに発信する情報を共有し合うことで，日本企業の海外事業展開における戦略実践のオプションを増やしていくことが求められる。ここに国際化時代における日本企業の国際社会での高いプレゼンスと日本の中小企業の新しい存立維持の可能性があろう。

〔付記〕

　本章は，本書の収録にあたって，拙稿（2014b）ならびに拙稿（2015g）を基にしながら，情報を最新に更新したうえで，大幅に加筆・修正したものである。

　本章は，科学研究費補助金基盤研究（C）（研究課題/領域番号：15K03707）の成果の一部である。

【参考文献・資料】

Bartlett, C.A. and S. Ghoshal (1989) *Managing Across Borders: The Transactional Solution*, Harvard Business School Press. （吉原英樹監訳『地球市場時代の企業戦略—トランスナショナルマネジメントの構築』日本経済新聞社，1990年）

Dunning, J. (1993) *Multinational Enterprises and the Global Economy*, Wokingham, England: Addison-Wesley.

Ghemawat, P. (2007) *Redefining Global Strategy: Crossing Borders in a World Where Differences Still Matter*, Harvard Business School Press. （望月衛訳『ゲマワット教授の経営教室　コークの味は国ごとに違うべきか』文藝春秋，2009年）

浅川和宏（2003）『グローバル経営入門』日本経済新聞社。

バンコク日本人商工会議所（2012）『タイ国経済概況 2010/2011年版』。

バンコク日本人商工会議所（2015）『タイ国経済概況 2014/2015年版』。

中小企業庁（2012）『中小企業海外事業活動実態調査報告書』（http://www.smrj.go.jp/keiei/kokusai/report/tenkai/070504.html）。

藤岡資正（2013）「ASEANの成長を内需とせよ 最終回 中小企業のASEAN進出―連関性を活かした事業展開」『企業診断』2013年11月号，pp.68-70.

藤岡資正編著（2015）『日本企業のタイ＋ワン戦略―メコン地域での価値共創に向けて』同友館。

藤岡資正・P.チャイポン・関智宏編著（2012）『タイビジネスと日本企業』同友館。

経済産業省（2011）『海外事業活動基本調査』（http://www.meti.go.jp/statistics/tyo/kaigaizi/）。

熊谷章太郎（2013）「賃金上昇が続くタイ―高賃金政策の影響」『環太平洋ビジネス情報』第13巻第48号，pp.50-70.

松島大輔（2012）『空洞化のウソ―日本企業の「現地化」戦略』講談社現代新書。

松島大輔（2013）「ASEANの成長を内需とせよ 第2回 日タイ「お互い」プロジェクトから始まる産業クラスター連携」『企業診断』2013年10月号，pp.44-47.

松島大輔（2015）「タイ＋ワン戦略」藤岡資正編著『日本企業のタイ＋ワン戦略―メコン地域での価値共創に向けて』同友館，pp.27-50.

大泉啓一郎（2011）「タイで深刻化する労働力不足」日本総合研究所『アジア・マンスリー』第11巻第127号，pp.1-2.

大泉啓一郎（2013）「『タイプラスワン』の可能性を考える―東アジアにおける新しい工程間分業」日本総合研究所調査部『環太平洋ビジネス情報』第51号，pp.1-23.

関智宏（2013a）「日本企業の国際化（2）―機械金属5業種を対象にした進出先分析～中国・タイから」株式会社帝国データバンク『SPECIA共同研究』。

関智宏（2013b）「日本企業の国際化（3）―チャイナプラスワンの実態」株式会社帝国データバンク『SPECIA共同研究』。

関智宏（2014a）「タイの中小企業」植田浩史・桑原武志・本多哲夫・義永忠

一・関智宏・田中幹大・林幸治著『中小企業・ベンチャー企業論（新版）』有斐閣，pp.90-94.

関智宏（2014b）「タイビジネスと中小企業—タイにおける事業展開の現状と課題」多国籍企業学会『多国籍企業研究』第7号，pp.63-80.

関智宏（2015a）「ものづくり中小企業のタイ進出の実態と課題—ネットワーキングとビジネスの深耕」大野泉編著『町工場からグローバル企業へ—中小企業の海外進出戦略と支援策』中央経済社，pp.137-167.

関智宏（2015b）「日本ものづくり企業における進出先国としてのベトナム—進出実態からみたタイ＋ワンの可能性」藤岡資正編著『日本企業のタイ＋ワン戦略—メコン地域での価値共創に向けて』同友館，pp.119-142.

関智宏（2015c）「産業クラスター生成時における協調関係の形成プロセス—タイ国からのインバウンド受入をねらう姫路観光産業クラスターのケース」大阪経済大学中小企業・経営研究所『中小企業季報』2015，No.2，pp.1-13.

関智宏（2015d）「中小企業の海外事業展開は産業集積にいかにして影響をもたらすか—大阪府八尾地域における集積内中小企業のタイ事業展開プロセス」日本中小企業学会編『多様化する社会と中小企業の果たす役割』同友館，pp.92-104.

関智宏（2015e）「新興国における日系サプライヤー・システム—タイにおけるローカル企業と日本中小企業の便益創出メカニズム」アジア市場経済学会『アジア市場経済学会年報』第18号，pp.1-12.

関智宏（2015f）「中小企業の国際化研究に関する一考察—その射程と分析課題」同志社大学商学会『同志社商学』第67巻第2・3号，pp.21-35.

関智宏（2015g）「現代における日本企業の国際化—チャイナプラスワン時代におけるASEANビジネスと現地化を中心に」同志社大学商学会『同志社商学』第67巻第2・3号，pp.53-68.

関智宏（2017a）「ものづくり中小企業とインターナショナライゼーション—日本の中小企業における『ヒト』の国際化」一般財団法人商工総合研究所『商工金融』2017年11月号，pp.28-42.

関智宏（2017b）「現代中小企業の国際化と成長発展プロセス—『ヒト』の国際化による企業組織の質的変化」mimeo。

進藤榮一（2013）『アジア力の世紀』岩波新書。

末廣昭・東茂樹編（2000）『タイの経済政策―制度・組織・アクター』アジア
　　経済研究所。

助川成也（2011）「ASEAN経済共同体に向けて―現状と課題」山影進編著
　　『新しいASEAN―地域共同体とアジアの中心性を目指して』アジア経済
　　研究所，pp.78-109.

田口博之（2013）「ASEANの成長を内需とせよ　第1回　国境開発―企業にとっ
　　ての魅力と課題（タイ・ミャンマー国境）」『企業診断』2013年9月号，
　　pp.50-54.

丹下英明（日本政策金融公庫総合研究所編）（2016）『中小企業の国際経営―
　　市場開拓と撤退にみる海外事業の変革』同友館。

遠原智文（2012）「企業の国際化理論と中小企業の国際化戦略」額田春華・山
　　本聡編著『中小企業の国際化戦略』同友館，pp.10-28.

浦田秀次郎・牛山隆一編著（2017）『躍動・陸のASEAN，南部経済回廊の潜
　　在力―メコン経済圏の新展開』文眞堂。

柳川太一（2011）「日本企業のグローバル化再考―グローバル化への4つの
　　ハードル」『ファイナンス』2011年11月号，pp.50-58.

安室憲一（1992）『グローバル経営論―日本企業の新しいパラダイム』千倉書
　　房。

安室憲一（1993）『国際経営』日経文庫。

吉原英樹（2011）『国際経営第3版』有斐閣アルマ。

関　智宏

第6章

日本企業とアジア新興国市場

I はじめに

　日本をはじめとする先進諸国の経済成長の鈍化にともない，世界経済におけるアジアの新興国の存在感・影響力が高まっている。日本にとっては，アジアの新興国の多くは，製造業を中心とした経済活動のつながりが深く，これまでも多くの企業が進出しているが，近年の経済成長にともない，世界の工場としての新興アジア諸国の位置づけが変わりつつある。中間層の厚みが増してきたアジアの新興国は，従来のようにコスト優位性を志向した製造拠点としてのみならず，収益獲得の機会を求めた市場開拓の場としての魅力を高めつつある。例えば，タイ国では，低廉な労働力・材料・部品・中間財などの価格優位性，タイ政府による投資インセンティブ，近隣諸国と比べて整備された物質的インフラなどにより，製造業を中心とする日本企業のコスト優位型の直接投資の受け皿となってきた。しかし，近年では，経済成長に伴う市場としての魅力の高まりにより，現地マーケットの成長性などを見込んだ市場開拓型の進出が増加しつつある[1]。

　こうしたなか，成長する消費市場を取り込むために多くの日本企業が現地における事業展開に注力している。しかし，従来のように，既存の製品やサービスに対して必要最小限の修正を施すというアプローチでは，新興国市場のニーズを充足することが難しくなりつつある。現地市場の戦略的な重要性の高まりとともに，従来の製品やサービスに固執し

---

1) 国際協力銀行（JBIC）の海外直接投資アンケート調査によると，2007年実施分において，「今後3年間で有望な投資先」としてタイを挙げた企業は「安価な労働力」を最大の理由としていたが，2008年以降は，「市場としての今後の成長性」を最大の理由として挙げている（JBIC 2008）。2016年度版における有望理由の上位3つは「現地マーケットの今後の成長性」，「現地マーケットの現状規模」，「第三国輸出拠点として」である（JBIC 2016）。

た調整や修正ではなく，現地市場との対話を通じてバリュー・プロポジション，バリューチェーン，組織構造などあらゆる要素において，大幅な現地適応が必要となるケースが増えてきたのである。こうした現地市場へ向けた異なるバリュー・プロポジションの実現には，価値形成活動，価値表示活動，価値伝達活動，価値実現活動という4つの基本的なマーケティング活動（嶋口・石井 1995）を，新興国の市場問題を中心に方向づけていく必要がある。そのためには，現地市場に棲み込むことで，さまざまな民族や所得構造を有する現地の人々の生活様式の多様性が形成するモザイク市場のあり様を「内側」から理解していかなくてはならない。一般的には，このプロセスは「現地適応」や「現地化」などと呼ばれる。

　つまり，本国で培った既存のビジネスの方程式（所有特殊的優位性）を海外に移転・移植（Dunning 1988）するという「外から内へ」，という従来のモデルの踏襲による「移転プロセス」ではなく，現地による「受容のプロセス」を紐解いていく必要がある。これまでの製造拠点としてのタイ進出において，一定の成功を収めてきたモノづくりの効率化の論理と，消費市場としてのタイ側の市場の論理（ニーズ）を重ね合わせていかなくてはならないのである。加えて，現在の新興国都市社会・経済の文脈は，決して静的なものではなく，新興国市場特有の文化・制度・気候・経済発展の不均一性といった複雑性の変化と共に進化していくものである。つまり，製造拠点として一定の成功を収めてきた日本企業の新興アジア諸国への進出モデルは，消費市場へと変貌を遂げつつある現地市場を取り込むという目的に対しては，必ずしも有効に機能するとは限らず，場合によっては，過去の成功体験を棄却しつつ，学習を通じて新たな環境への適応能力を高めていかなくてはならないのである。しかし，こうした新興国を取り巻く環境の変化に対して，多くの日本企

業では，戦略シフトが追いついておらず，従来の日本的生産システムの
移植モデルを前提とした組織構造では，十分に環境の変化へ対応してい
くことが困難となりつつある。

　こうした問題意識のもと，次節では，近年急速に注目を集めるアジア
の新興国市場のうち，日系企業の進出が古く[2]，その進出数・累積直接
投資額共に大きな割合を占めるアセアン地域のうち，タイとその周辺国
（カンボジア・ラオス・ミャンマー・ベトナム）であるメコン地域に焦
点を合わせ，新興国市場の台頭や市場の立ち上がりのスピードを理解し
ていく。第3節では，日本企業の新興国市場における事業展開に際して，
「市場調査」を行う際の留意点を5点ほど整理し，「現地化」を進めてい
く上で参考になると思われる工業化住宅の現地化プロセスの事例を紹介
する。第4節では，すべての文脈が複雑に国境を超えて交錯しあうグ
ローバル経済社会における競争環境においては，現状の環境分析から導
き出される競争優位は必ずしも持続可能なものではなく，むしろ，既に
確保した競争優位にこだわることが，組織を変化から遠ざけ，思考を硬
直化させ，イノベーションを阻害する要因となる可能性があることを指
摘する（McGrath 2013）。

II　メコン地域をはじめとするアジア新興国市場の台頭

1. 新興国市場の台頭

　一般的に新興国という場合，共通の定義が存在するわけではないが，
経済発展の途上にある国々を指すことが多く，「経済成長率が世界の平
均よりも高く，一人当たりGDPの水準が世界の平均よりも低い国や市

2）日系企業のタイ進出の歴史は古く，20世紀初頭の日本向けチーク材の輸出に関与し
　た大手商社の進出までさかのぼることができる（川辺 2008）。

場を指す」（森2013）場合や，IMFで採用されている「先進国以外を総て新興市場・発展途上経済（emerging market and developing economies）とする」ものがある[3]。また，内閣府（2015）の分析では，先進国以外の新興・途上国のうち，2012年の一人当たり実質GDPが2万ドル以下の国を新興国として抽出している。実務的には，IMFの定義に基づき議論がなされていることが多いが，その場合，アジアでは，日本，韓国，台湾，シンガポール，香港以外を新興国としているケースが多い。この他には，MSCI（モルガンスタンレー・キャピタル・インターナショナル社）が定めるエマージング指数やFTSE Russell社のFTSE Emerging Indexのように新興国株式市場の動向を示す株価指数として韓国や台湾が組み込まれている場合もある。このように，新興国市場や経済といった場合は，先進諸国を除く比較的多くの国々を指していることが理解できるが，本稿でアジア新興国（市場もしくは経済）という場合は，IMFの定義に基づき，日本，韓国，台湾，シンガポール，香港以外のアジア市場や経済を指すものとする。

　もっとも，新興国という用語を新聞や雑誌でみかけるようになったのは比較的最近のことである。図表1を見てみると，2000年時点で新興国という用語が見出しに含まれる新聞記事は22件であったが，2007年には，その数は600件を超え，2010年には3,600件に達し，この10年で実に180倍となっている。また，タイトルに新興国というキーワード

---

3) 新興国という言葉に明確な定義はなく，IMFでは，先進国以外の国々を「新興・途上国（emerging market and developing economies）」としている。ここで先進国は，オーストラリア，オーストリア，ベルギー，カナダ，キプロス，チェコ，デンマーク，エストニア，フィンランド，フランス，ドイツ，ギリシャ，香港，アイスランド，アイルランド，イスラエル，イタリア，日本，韓国，ラトビア，ルクセンブルク，マルタ，オランダ，ニュージーランド，ノルウェー，ポルトガル，サンマリノ，シンガポール，スロバキア，スロベニア，スペイン，スウェーデン，スイス，台湾，英国，米国の36か国。新興・途上国は上記以外の153か国を指す。

図表1 「新興国」を含む新聞記事および論文・雑誌記事の件数推移

(出所) 新聞（日本経済新聞社各紙，全国紙，一般紙，専門紙）は森（2013）から，論文はCINII（国立情報学研究所のサイト）より作成。

を含む論文・雑誌記事の件数では，2000年時点で3件であったが，2010年には400件を超えている。このことからも，新興国という用語が近年急速に注目を集めてきたことが理解できる。また，国際経営において新興国市場をめぐる競争戦略が議論され始めたのも *Academy of Management Journal* 誌上でStrategy in Emerging Economiesという特集が組まれた2000年度以降であることからもその歴史の浅さを理解することができる（磯辺 2010）。

世界の新興国経済（IMF定義による153ヵ国）の年平均経済成長率は，2001〜2015年の間に先進諸国（同39カ国）が3.8％であるのに対して，新興国経済の成長率は14.2％と，目覚ましい発展を遂げている。また，同時期のメコン地域の成長率は，15％である。2000年を基点として，世界経済の成長を見てみると，2015年までに世界のGDPは60％近く成長しているが，この成長の増分に占める新興国経済の寄与率は，2003年に20〜30％であったものが，2015年にはそれが約65％に上昇

図表2　アジア30億人市場：その中心にあるメコン地域

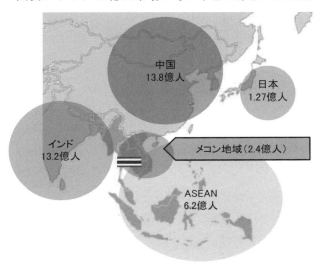

している（藤岡 2015）。世界人口の構成比では，2000年時点で世界人口の61億人のうち49億人が新興国であったが，2015年度にはそれが72億人中60億人近くに増加し，2050年には世界93億人のうち，新興国は80億人を超えると予測されている。新興アジア諸国のうち，インド（13.2億人），中国（13.8億人），アセアン（6.2億人）の人口を足し合わせると，世界人口の約半数がこの地域で生活をしており（図表2），地理的にも，その結節点にあるのが，タイを中心としたメコン地域である。

　図表3のように地理的にタイを中心としたメコン5カ国は陸続きであり（CLMTV：カンボジア，ラオス，ミャンマー，タイ，ベトナム），近年急速に進展したインフラ整備によって物理的な連結性は格段に向上している。メコン諸国のつながりの深さは，域内貿易にも現れており，例えば，タイの対CLMV貿易は急速に拡大しており，2015年の輸出額

146 第6章 日本企業とアジア新興国市場

図表3 メコン地域をつなぐ3本の経済回廊

は約220億ドルと10年前に比べ5倍近くに膨らんでいる（牛山2017）。また，JETRO（2017a）によれば，メコン諸国のGDPは次の10年で1.5倍から2.5倍に成長することが予測されており，今後，この連結性を制度レベル（通関手続き，トラック相互乗り入れなど）でも引き上げ，最終的に人々の円滑な往来につなげることができれば，メコン地域の潜在可能性はさらに高まることになる。また，タイを除く，メコン諸国に共通するのは，中央値年齢（median age）が，ベトナム（30歳），ミャンマー（29歳），カンボジア（25歳），ラオス（23歳）であり，日本（46.9歳）やタイ（37歳）と比べて圧倒的に若いという点である。また，JETRO（2017a）が海外進出済み・計画（予定）している日系企業574社（サービス産業）を対象にした調査によれば，市場として「最も重視している都市（上位10都市）」は上海，バンコク，ホーチミン，

ジャカルタ，シンガポール，台北，北京，ハノイ，ロサンゼルス，ヤンゴンであった。上位10位にアジアから9都市がランクインしているが，そのうち4都市（バンコク，ホーチミン，ハノイ，ヤンゴン）がメコン地域である。

　こうしたアジア新興国市場への関心の高まりにともない，メコン地域を含むアセアン諸国への日本企業の投資が増加している。東洋経済新報社が上場・未上場6,572社を対象にした，出資比率が合計10％以上の現地法人の進出国数をまとめた最新のサーベイ調査（2017年）によれば，2011年から2016年の5年間でもっとも日系企業の現地法人数が増加した上位20カ国に，メコン地域からは，ラオス以外の4カ国がランクインしている（図表4）。このサーベイ調査は，アジアに限定したものではなく，日本企業の海外進出国すべてを対象にしたものであることからも，日本企業のメコン地域への関心の高さをみることができる[4]。

図表4　日本企業が現地法人数を増やしている国

順位	進出国	増加率（％）	進出数（2016）	進出数（2011）
1	ミャンマー	855	105	11
2	カンボジア	217	73	23
5	ベトナム	84	972	528
6	インド	65	808	489
13	タイ	36	2,412	1,777

＊2016年10月と2011年10月の現地法人数を比較したもの。
（出所）山本（2017）「日本企業の進出が加速している国トップ20」
　　　　最終閲覧日：2018年3月4日（http://toyokeizai.net/articles/-/
　　　　172367）

　こうした関心の高まりは，当該地域への長期滞在の在留邦人数にも表

4）メコン地域各国の日本人商工会議所によれば，日系企業の進出数は次のとおりである。
　タイ1,747社（2017），ベトナム678社（2017），ミャンマー364社（2017），カンボジア242社（2017），ラオス81社（2016，準会員含む）。

図表5　日本企業のASEANおよびメコン投資

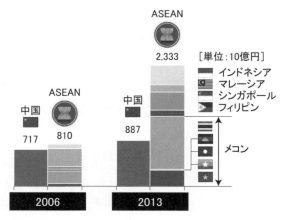

（出所）経済産業省（2015a）「メコン産業開発ビジョン」最終閲覧日：2018年3月9日。
http://www.meti.go.jp/press/2015/08/20150824003/20150824003-4.pdf

れている。例えば，2016年時点で7万人近くの日本人長期滞在者がいるタイを筆頭に，アセアン地域では，シンガポール（約3万人），マレーシア（約2万人）の順に在留邦人数が多くなっている。また，在留邦人数の増加率を外務省の『海外在留邦人数調査統計』をもとにみてみると，メコン地域の国々の在留邦人数は，急速に増大しており，2012年から2016年までの年平均の伸び率（CAGR）を見てみると，カンボジア（19.6％），ラオス（8.2％），ミャンマー（38.6％），ベトナム（9.4％）となっている（同タイ6％，シンガポール4.3％，マレーシア4.1％）。こうした在留邦人の多くが民間企業の従業員であるとされるが，日本からの海外直接投資（金額ベース）をみてみると，2006年に，中国への投資額をアセアン全体への投資額が上回り，2013年にはメコン地域への投資額が中国への投資額を超えている（図表5参照）。

2. 収益獲得のプラットフォームとしての新興アジア市場

　これまでは，メコン地域への投資の多くはタイに集中しており，2016年度の日本からタイへの直接投資額は40.6億ドルとなっており，同時期の中国への投資額86億ドルの約半数に上るが[5]，タイの人口が約6,500万人であることを考えると，その規模の大きさを理解することができる。こうした日系製造業を中心とする外資の誘致戦略が，これまでのタイの経済成長を支えてきたことは明らかである。なかでも，2001年に発足したタクシン政権は，2002年5月に国家競争力会議（National Competitiveness Committee）を設置し，「アジアのデトロイト」となるべく自動車産業の育成，「世界のキッチン」となるべく食品産業，「観光資本アジアの核」としての観光産業，アジアの「トロピカルファッション」としての衣料産業，「世界のグラフィックデザインセンター」としてのソフトウエア産業という5つの産業の育成を目指した。こうした政策の後押しもあり，タイ国の自動車生産量は2012年に200万台を超え，その半分以上が海外に輸出され，世界で12番目（2016年実績）の自動車製造拠点となった（Hill and Kohpaiboon 2017, p.203）。自動車生産量の6割はダブルキャブとピックアップトラックであるが，このうちピックアップトラックは米国に次ぐ世界第2位の生産拠点として成功している（Thailand Autobook 2017）。また，HDDの輸出台数では，2015年に1億8,000万ユニットを超え，中国に続き世界で2番目の規模となった（KResearch 2015）。

　このように急速に成長を遂げているアジア新興国市場への進出や関心の高まりが著しい日本企業であるが，現地市場では，どのような財務業

---

5) JETROウェブサイト「直接投資統計：日本の直接投資（国際収支ベース，ネット，フロー）」最終閲覧日：2017年9月17日参照，https://www.jetro.go.jp/world/japan/stats/fdi.html

150　　第6章　日本企業とアジア新興国市場

図表6　現地法人経常利益（地域別）

凡例：■北米　■アジア　□欧州

年	北米	アジア	欧州
2011	189	395	105
2012	149	416	73
2013	202	501	109
2014	268	573	107
2015	274	613	46

単位：100億円

（出所）経済産業省（2017a）p.15より。

　績を挙げているのであろうか。このことを理解するために，海外現地法人（製造業及び非製造業含む，25,233社）を有する日本企業6,766社（本社）の，地域別の経常利益額を見てみると（経済産業省2017a），過去5年間（2011〜2015年）アジアが日本企業の収益獲得のプラットフォームとして機能していたことが分かる（図表6参照）。その額は，2015年度にはアジアからの経常利益が6兆円を超え，北米（2.7兆円）と2倍以上の開きがあったことに示されるように（図表6），日本企業にとってアジア新興国での事業展開は，大手製造業を中心に利益の創出拠点として重要になりつつある（藤岡2015）。

　このように海外事業での利益蓄積は年々増加基調にあるが，経済産業省（2017a）の「海外事業活動基本調査（2015年度実績）」によると，日本企業の2015年1月から12月に海外現地法人からの受け取った収益合計は6兆5,840億円にのぼり，このうちの3兆7,756億円が配当金，2兆2,922億円がロイヤルティーである。同2007年度実績（経済産業省，2009）の受取収益合計2兆3,854億円，配当金1兆1,501億円，ロイヤルティ1兆0,050億円と比較すると，およそ8年間で受取収益合計が2.7

倍に増加していることが分かる。

　つまり，日本企業の多くが海外における事業収益を国内に還元することで，持続的な成長を志向しているとみることができるが，こうした「迂回輸出の拠点としての新興国」から「収益獲得のプラットフォームとしての新興国」という位置づけの変化は，海外拠点の在り方へも影響を及ぼす。

　新興国市場の子会社の戦略的重要性は，その市場が企業のグローバル展開においてどの程度重視されるかによって影響されるので，新興アジア諸国の市場としての魅力の相対的な向上は，海外子会社の戦略的重要性を高め，その統制の在り方が大きな経営課題となる。こうした，海外子会社の戦略的重要性の高まりとともに，海外子会社を親会社からの技術の受け皿としての「受容的（receptive）」なものとみなすのではなく，市場密着型の経営を強化するために独立性を高めた「自律的（autonomous）」な子会社として扱うことを求めることになる（Jarillo & Martinez 1990）。しかし，一方で，受容的子会社から自律的子会社への移行プロセスは，現地子会社の組織能力やリソースによって制約を受けることになる（Bartlet & Ghoshal 1989）。本国で培われてきた企業特殊的な優位性を新興国へと移転する際に，日本人が主体となって直接的コントロールを行うことで成功を収めてきた日系製造業の多くは，ローカル管理職の育成や有能人材の定着などにおいて問題を抱えていることが多いといわれる。加えて，この現地適応のプロセスで大切なのは，単にローカルな知識をローカルで活用することに終始するのではなく，リージョン単位もしくはワールドワイドに分散する知識を組み合わせて活用していくことであり，「現地に任せつつ（現地に権限委譲），任せきりにはしない（本社で管理・統合）」ためのアプローチがグローバル統合（global integration）と現地適応（local responsiveness）という二元論

152　第6章　日本企業とアジア新興国市場

図表7　地域別の売上高成長率比率（年平均成長率）（2006〜2013年度）

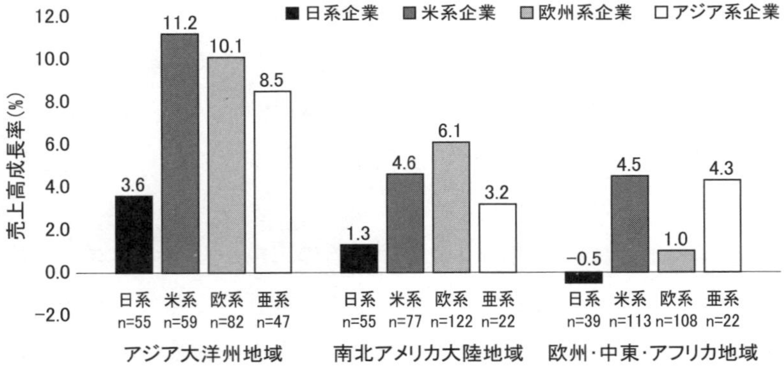

（縦軸）売上高成長率(%)

凡例：■日系企業　■米系企業　□欧州系企業　□アジア系企業

アジア大洋州地域
- 日系 n=55：3.6
- 米系 n=59：11.2
- 欧系 n=82：10.1
- 亜系 n=47：8.5

南北アメリカ大陸地域
- 日系 n=55：1.3
- 米系 n=77：4.6
- 欧系 n=122：6.1
- 亜系 n=22：3.2

欧州・中東・アフリカ地域
- 日系 n=39：-0.5
- 米系 n=113：4.5
- 欧系 n=108：1.0
- 亜系 n=22：4.3

＊ 2006〜2013年度の8期連続で取得可能な地域別売上高を対象に集計。
（出所）経済産業省（2015b, p.225）より作成。

（dualism）を超越するために求められる（佐藤2006・古沢2009）。

　また，中国やインドそしてアセアンといった新興アジア諸国の消費地としての潜在性に注目しているのは日系企業に限った話ではなく，世界中の企業が成長の源泉としての将来を見込んだ事業展開を進めており，新興市場をめぐる競争は今後より一層厳しさを増していくことになると思われる。こうしたなか，日系企業は必ずしもアジアの成長を十分に取り込めているわけではない。例えば，図表7では，日系企業の主戦場であるアジアの売上高の2006年度から2013年度までの年平均成長率をみてみると，米系企業の11.2％，欧州企業の10.2％，アジア系企業の8.5％に対して，日系企業は3.6％しか成長をしていないことが示されている（経済産業省2015b, p.225）。日本企業の地域市場別の売上高成長率が欧米企業やアジア企業に比べてかなり低い水準にあることを示している。もっとも，アジア地域には，日系企業は比較的早い時期に参入しているということの影響も考慮に入れる必要がある。しかし，図表7に示されているように，他の地域（南北アメリカ太平洋地域や欧州・中

東・アフリカ地域）との比較においても，全く同様の傾向が示されていることからも，米系・欧州系企業のみならず他のアジア系企業と比較しても，海外市場の成長を十分に自らの売上高の成長へと結びつけることができていないことが分かる。

　もっとも，テレビなどの家電製品や携帯電話などでは，サムソン電子やLGエレクトロニクスといった韓国企業に加えて，ハイアールなどの中国勢もアジアでのプレゼンスは日系企業を圧倒的に上回っている。また，日用品や食品でもP&Gやユニリーバーなどの欧米企業が強く，日系企業は厳しい競争に直面しているのである。今後，消費地としてのアジアでの事業展開に際しては，本社からの指示や選択を超え，海外子会社自らが役割を規定・修正し，自ら事業戦略を創発していくことも必要となっていくであろう[6]。そのためには，海外子会社の能力向上とリソース蓄積を戦略的に進めていかなくてはならない。つまり，この段階での競争においては，本社−子会社という主従の支配関係で本社と子会社の関係を捉えていくのではなく，対等なネットワーク関係で，各拠点が互いに影響を及ぼしながら事業展開を進めていく必要が出てくる。しかし，過去の学習を棄却し，自らのバリュー・プロポジションを現地の市場問題を中心に再考し，その意義を組織内に浸透させ，適切に経営資源の配分を計画することができる人材は非常に限られており，この点においても日本企業は対策を急ぐ必要があると思われる。

6）浅川（2003）の指摘するように，海外子会社内には数多くのプロジェクトが動いており，多種多様な人々がそれぞれの能力を発揮しながら事業展開をしている。そのため，子会社をひとくくりにしてその戦略的役割を論ずることには限界がある，ということを指摘しておく必要がある。

154 第6章 日本企業とアジア新興国市場

Ⅲ アジア新興国市場をとらえる視点[7]

アジア新興国市場は，多くの日系企業にとって戦略的に重要な市場の一つとして捉えられているが，以下では，こうした新興国市場で事業展開をするにあたり，留意すべきポイントを「市場調査」と「現地化のプロセス」に分けて考えていきたい。前者では，新興アジアの市場を捉える視点として，国ではなく都市単位の分析，フローではなくストックを考慮する，シャドーエコノミーの規模を把握する，成長の源泉の地理的・空間的広がりを捉える，変化のスピードを理解する，という5つのポイントに絞ってみていくことにする。後者に関しては，日タイ合弁会社を通じた工業化住宅の事例を取り上げながら，新興国市場における「現地化」のプロセスを詳しくみていくことにする。

1. 市場調査に関する留意点

1-1. 国の平均値ではなく，都市（圏）単位で数値を捕捉する

国連の *World Population Prospects: The 2017 Revision* に基づいた野村アセットマネジメント社の推計によると，2050年には世界の総人口は97.7億人に達する見通しであり，新興国の総人口は，2050年に84.7億人へと大きく増加し，その割合は世界の総人口の86.7％に達する見通しである[8]。こうした，人口の増加とともに急速に進んでいくのが都市化である。先の国連の推計によると，新興国において都市部に居住する人口は2015年の29.7億人から2050年には52.3億人へと増加する見通しであり，都市人口の総人口に占める割合を示す都市化率は2015年の

7）本節の議論は，藤岡（2012）における議論を大幅に加筆・修正したものである。
8）野村アセットマネジメント（2017）「都市化が進む新興国」最終閲覧日：2018年3月13日，https://www.nomura-am.co.jp/market/news/20170822_4EA0A624.pdf

49％から2050年には63.4％へと増加する。こうした都市化の影響は，日本企業の新興国市場における事業展開に際して，どのような影響を及ぼすのであろうか。

　都市化の進展は，新興都市の所得水準の向上をもたらすといわれるが，タイは，メコン諸国の中ではいち早く都市化率50％を越えている（経済産業省 2017b）[9]。例えば，バンコク首都圏では，多くの労働者が地方農村部から東部臨海工業地帯や中部の工業団地に形成さている製造業の集積地に出稼ぎに来ている。加えて，タイにはカンボジア，ラオス，ミャンマーから数百万人に上る未熟練労働者を受け入れており，バンコク都庁（2014）によれば，バンコク首都圏の人口は年々増加しており，2005年の979万人から2014年には1,062万人まで増加している[10]。また，富裕層や中間層の多くが首都圏に集まることにより，教育や医療を含めた住環境や流通・サービスの拡充が進んでおり，先進国から来た駐在員であっても快適に生活を送ることが出来る。このように，新興国の首都圏では，所得層がミックスされ，民族的にも生活スタイルの面でも，細かなエリアごとに「モザイク市場」（川端 2005）を形成しているというのが特徴である。

　一般的に，新興国では首都圏が経済成長と需要拡大を牽引することになるが，新興国市場の市場規模を推計するさいに，一人当たりのGDPなどの経済指標が用いられることが多い。しかし，藤岡（2010）で指摘したように，新興国市場の市場規模を一人当たりGDPなどの経済指

---

9) 首都圏と地方の格差の問題を取り上げるさいは，こうした出稼ぎ労働者による都市から地方への所得移転を考慮する必要がある。その場合，所得分布による格差ではなく，支出による貧富の格差を捉えなくてはならない（埼玉大学経済学部（2013）pp.11-13）。

10) BMA（Bangkok Metropolitan Administration）（2014）Statistical Profile of Bangkok Metropolitan Administration（最終閲覧日：2018年3月13日）http://www.bangkok.go.th/upload/user/00000130/Logo/statistic/stat%202014%20(ENG).pdf

156 第6章 日本企業とアジア新興国市場

図表8 メコン5カ国の首都における一人当たりGDP

米ドル

	バンコク	ハノイ	ビエンチャン	ヤンゴン	プノンペン
2015	11,822	3,174	4,784	1,424	1,472
2025	19,168	5,473	8,832	3,502	2,838
成長率	62%	72%	85%	146%	93%

（出所）JETRO（2017a）を参考に作成。

標を用いて推計するさいには，国全体の平均の指標のみではなく，都市
圏もしくは首都圏の指標を捉える必要がある。タイでいえば，バンコク
とその近隣の県を含めたバンコク首都圏（Bangkok Metropolitan Re-
gion）をひとつの括りで捉えるということである。JETRO（2017a）に
よれば，2015年のタイの一人当たりGDPは5,813ドルであるが，バン
コクの一人当たりGDPは約12,000ドルである。バンコクの一人当たり
GDPは2015年から2025年までに2倍近くに成長することが見込まれ
ており，2025年には20,000ドル近くに到達する見通しである（図表8）。
　このような傾向は，近隣のメコン諸国においても，同様にみることが
できる。例えば，2015年のラオスの一人当たりGDPは1,947ドルであ
るが，ビエンチャンでは一人当たりGDPは4,784ドルとなり，2025年
には，8,832ドルまで伸びることが予測されている。上図に示されてい
るように，その他のメコン地域の一人当たりGDPの値もバンコク以上
の成長率が予測されている。このように，新興国市場の推計には，国の
平均を用いるのではなく，都市圏あるいは首都圏単位での分析が必要と
なる。また，先述のように，首都圏のなかにも地域によって貧富の格差
が存するのであり，小売業にとっては，こうした所得構造のモザイクと

宗教など文化的な背景の違いから生じる消費市場のモザイクの形成から生じる市場分布の問題を捉えることが必要である（川端 2005)[11]。なぜなら，小売業にとっては，どのエリアに店舗が立地しているかによって所得構成や民族構成が異なり，それが生活様式の違いを生み出し，品揃えや売り上げに影響を及ぼすことになるためである（川端 2005）。

1-2. フローに加えストックを考慮する

タイには相続税が無く，固定資産税も住宅は非課税であり，2016年には改正土地・家屋法（Land & Houses Tax）が一度は内閣を通過したが，これまでと同様に既得権益層を中心に反対が起り先送りされている。導入には，まだ紆余曲折が予測されるが，日本に比べ資産課税が非常に軽いことが知られている。また，近年の地価の上昇により，首都圏のみならず地方衛星都市における個人の保有資産価値も高まっている。例えば，政府系不動産シンクタンクREICによれば，バンコク首都圏（BMR）の空き土地価格インデックスは，2012年を基準年（100）として，2017年末時点で165.6ポイントに上昇したという（Bangkok Post 2018）。

そのため，タイ人の購買力を考えるにあたっては，一人当たりGDPや給与所得などのフロー情報だけでなく，保有資産といったストック情報にも注目する必要がある。具体的な数値を開示することはできないが，実際に2009年にチュラロンコン大学サシン日本センターが，タイの大手建築資材メーカーと日本の住宅大手企業の合弁事業会社からの依頼を受け，国家統計局（NSO）の全面協力により実現した家計調査（Household Socio-Economic Survey）のデータを用いた定量・定性分

---

11) 例えば，川端（2005）では，マレーシアの首都クアランプールにおける民族的な住み分けが，小売業の品揃えや売り上げに影響を及ぼすことを指摘している（pp.92-94）。

析の結果，日本で用いられていたフロー情報のみで推計された潜在顧客
の規模と，フロー情報にストック情報を加味した「ハイブリッド・アプ
ローチ」によって推計された値の間には，最大で7倍近くの大きな差が
あることが明らかになった（藤岡 2010）。新興国市場において，住宅の
ような高価な財の市場性を見極めるためには，フロー情報のみならず，
ストック情報を分析に取り入れることが重要性となることの証左である。

1-3. シャドーエコノミーを考慮する

　シュナイダー（2017）によれば，シャドーエコノミーは政府が公表
する経済統計には現れない経済活動を指しており，「所得税や消費税な
どの諸税金の支払いを逃れたもの」，「社会保障の拠出額支払いを逃れた
もの」，「最低賃金や最大労働時間などの労働市場の法律に従うのを逃れ
たもの」，「法律的なアンケートやその他の行政的な手順に従うことを逃
れたもの」という4つの理由により政府機関に対して意図的に隠蔽され
た財・サービスの生産・供給である。また，永田（2011）はシャドー
エコノミーを，「違法ビジネスや犯罪行為（麻薬売買・密輸・資金洗
浄・横領・着服等）を除く，納税対象項目として税務当局への申告義務
があるが，実際には申告されない労働収入，事業収入，保有資産などを
指す」[12]としている。シャドーエコノミーの規模の推計は，調査方法な
どによってかなりの幅があるが，例えば，シュナイダー他（2010）の
研究によれば，日本やシンガポールは10％台前半であり，シュナイダー
（2017）では，日本のシャドーエコノミーはGDPの8％で，米国の6％
に次ぐ大きさであると推計されている。これに対して，フィリピンやタ

---

12) 永田公彦（2011）「EU首脳会議に世界が注目いよいよ本格化する欧州危機とその裏
　　に潜む「シャドーエコノミー」」ダイヤモンド・オンライン（http://diamond.jp/arti-
　　cles/-/15247）2018年3月5日最終閲覧。

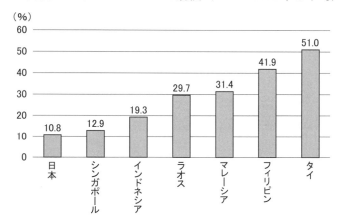

図表9 シャドーエコノミーの規模（1999～2006年の平均）

＊シャドーエコノミーの規模はGDPに対しての割合。
（出所）Schneider et al. (2010), p.25-26.

イなどのアジアの新興国では40％を超えるとされ，かなりの規模の経済活動がGDPには反映されていないことになる。また，シャドーエコノミーで獲得された収入の3分の2が即座に公式の経済活動に使われているという指摘は（Schneider 1998 in Schneider & Enste 2000），その割合が多いタイや他のメコン地域の経済活動を実務的に捉えるうえで決して無視することはできないということを示している。

このように，活動の是非は別として，新興国市場における現地人の購買力を把握するには，シャドーエコノミーの大きさと，シャドーエコノミーには含まれていない非合法の経済活動の与える影響を無視することはできないのである。藤岡（2010）では，これらのパーセンテージが各年度において大きな違いがないという仮定のもとで，一人当たりGDP（購買力平価ベース）を試算しているが，その額は試算手法にも拠るが，場合によっては2倍から3倍近くにまで膨れ上がる。例えば，シャドーエコノミーによる経済活動のアウトプットは，平等に分配され

160　第6章　日本企業とアジア新興国市場

図表10　一人当たりGDP比較：シャドーエコノミーを考慮

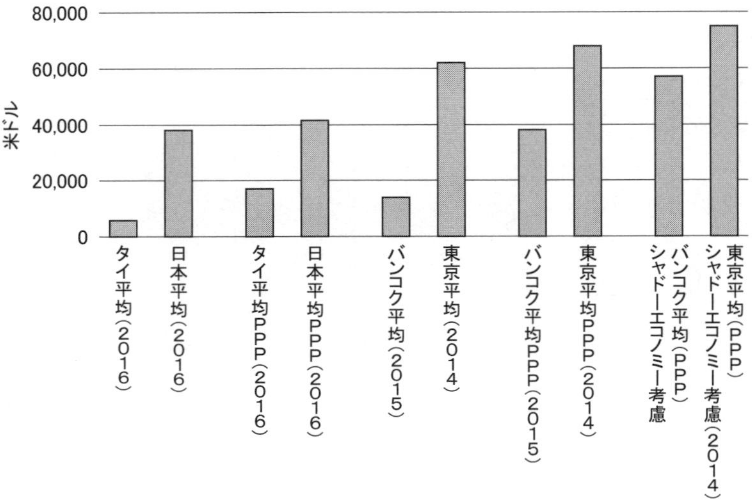

米ドル

80,000

60,000

40,000

20,000

0

タイ平均（2016）
日本平均（2016）
タイ平均PPP（2016）
日本平均PPP（2016）
バンコク平均（2015）
東京平均（2014）
バンコク平均PPP（2015）
東京平均PPP（2014）
バンコク平均（PPP）シャドーエコノミー考慮
東京平均（PPP）シャドーエコノミー考慮（2014）

＊タイと東京のシャドーエコノミーの規模は，Schneider et al.（2010）を参考に，それぞ
　れ50％，10％とした。
（出所）タイおよび日本のGDPに関してはIMF World Economic Outlook Database October
　　　　2017，バンコクのGPPに関してはNESDB（2015）「Gross Regional and Provin-
　　　　cial Product（GPP）」，東京都の一人当たり都内総生産は東京都総務局「東京都の
　　　　統計」（2014）などを参考に試算。

るわけではないため，単純にその総額を全ての国民で除することは正し
くないのだが，リアリティーとしては，図表10に示されているシャドー
エコノミー考慮前と考慮後の間の数値をとるといえる。しかし，こうし
た推計結果を示すことで，バンコク首都圏をはじめとする新興国市場に
おける購買力や市場規模を推計するさいには，一人当たりGDPなど，
日本国内で用いられる経済指標にもとづく分析では不十分であり，シャ
ドーエコノミーが生み出す差は十分に検討に値するという事実を示して
おかねばならない。
　言われてみれば，当たり前の事ではあるが，こうした当たり前のこと

を一つ一つ地道に明らかにしていくプロセスを通じて，本国と新興国市場における事業展開の前提の差異と，その差異が経営に及ぼす影響の強弱を見極めていくことが大切である。一筋縄ではいかない作業ではあるが，投資額が大きな案件では，ここでのズレが，後に事業の根幹を揺るがす大きな問題となる可能性がある。何よりも，この難しさこそが質の高い分析材料（2次資料）が簡単に手に入ることのできる先進国とは決定的に異なる新興国ビジネスにおいて，多くの企業が必ず直面する課題なのである。

1-4. 成長の源泉の地理的・空間的広がり

　ここまで，各種統計資料を用いた分析を行う際に留意すべき点として，首都圏とその他の都市との格差について論じてきたが，タイのような中所得国から高所得国への移行期にある新興国に特徴的なのが，首都圏経済集中型の経済成長から衛星都市への経済発展の波及である。

　タイでは，首都バンコクに，ノンタブリー，パトムタニー，サムットプラカーン，ナコンパトム，サムットサコーンの隣接5県を加えたバンコク首都圏（BMR）が人口1,000万人強の経済圏を形成している。これまで，タイ経済を牽引してきた原動力となったのがこうした首都圏の経済活動であるが，近年では，地方都市の発展が顕著である。図表11に示されているように，タイ全体のGDPに対するバンコク首都圏のシェアは，GDPの上昇に反して，ゆるやかに減少し，1993年に全体の3分の2を占めていたシェアは2013年には35％程度に低下している。これは日本経済全体に占める東京圏のシェアと同程度である[13]。このよ

13）国土交通省によれば，東京圏のGDPのシェアは2001年から2013年の間に約38％で推移している（平成29年版首都圏白書データ集：http://www.mlit.go.jp/toshi/daisei/toshi_daisei_tk_000039.html）。

図表11 タイのGDPとバンコク首都圏（BMR）のシェア

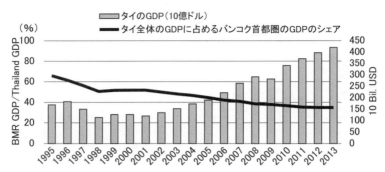

＊バンコク首都圏のデータはGRP（Gross Regional Product）で計算されているが，便宜上GDPと表記する。
（出所）NESDB（2015），IMF World Economic Outlook Database（April 2017）のデータをもとに作成。

うに，各国で差はあるものの，新興国の経済成長は，首都圏のみならず着実に地方へも拡がっている。

このような新たな消費市場の形成は，日本企業の進出形態の変化にもみることができ，近年，タイ国への日本企業の進出は，製造業のみならず，小売業の進出数の増加が顕著である。在バンコク日本人商工会議所（JCC）の全登録会員数（約1,700社）に占めるサービス業の割合は，2005年時点の34％から2016年の39％にまで上昇している。また，JETRO（2017b）が定期的に開催している「タイ日系企業進出動向調査」の最新回（2017年）の回答企業の内訳を見ると，調査対象6,134社のうち，活動が確認できた企業は5,444社で，サービス業は2,890社あり製造業の2,346社を大きく上回った。

こうした動きは，日本企業に限らず，世界中の小売・サービス業がこうした新興国の消費市場を求めて事業展開を進めている。例えば，スターバックス社のアニューアル・レポート（2011〜16年）をもとに，

タイ国内の店舗数の推移をみてみると，2011年度には141店であったのが，2016年には273店舗となっており，実に年率14％で成長している。また，タイのセブンイレブンの店舗数は既に1万店舗を超え，日本につぐ世界で二番目となっている。人口10万人あたりの店舗数を試算してみると，2018年2月現在で，日本（15.8店）についで世界で2番目（15.6店）となっている[14]。また，タイ国のエネルギー大手PTT社が展開するカフェ・アマゾンはスターバックスよりも2割程度安い価格とガソリンスタンドへの併設戦略が奏功し，2017年時点で1,500店舗を超え，近年ではラオスなど近隣諸国へも展開を始めている。

　こうした消費市場の拡大は住宅にもみることができる。例えば，タイ国の上場住宅ディベロッパーであるプルクサ社の売上推移をみてみると2007年から年平均20％という驚異的な成長率で2015年には売上が約5倍となっている。また，経済成長に伴う物価の上昇も顕著であり，タイ中央銀行によれば，2008年3月から2018年1月までの10年間でコンドミニアム価格は約1.8倍，戸建住宅の価格は約1.4倍に上がっている。大手ディベロッパーの地方進出も加速しており，住宅ディベロッパーのサンシリ社は2017年に「Burasiri」プロジェクト（販売価格4.79-10MB）をタイ東北部のコンケンで立ち上げている。この他にも，2009年に小売大手のセントラルデパート，2014年にはタイの大手私立病院チェーンのバンコク病院が，それぞれコンケンに開設している。このように，地方都市まで拡がりつつある経済成長と空港や経済回廊など物的インフラストラクチャーの整備によって，バンコク首都圏への一極集中から，地方衛星都市への進出が加速している。また，バンコク・ドゥ

---

14) 店舗情報については，セブンイレブン社ウェブページ（国外店舗数：タイ10,268店舗，2017年12月時点），人口情報については，総務省統計局（日本，2017年）とタイ中央銀行（2016年）から得た人口情報を用いて試算している。

164　第6章　日本企業とアジア新興国市場

シット・メディカル・サービスグループやセントラルグループなどは，こうした地方都市のうち，他の国との国境近くにあるウボンラチャタニ，ピサヌローク，ハジャイなどに進出することで，市場が飽和しつつあるタイ国内から近隣諸国の首都圏市場へと活路を見出そうとしている。

1-5. 新興アジアの市場の変化のスピード感と規模感をつかむ

　以下では，ASEAN全体のサービス業の動向を飲食店チェーンを中心に，もう少し詳しく見ていくことにしよう。アセアン諸国では，タイの場合と同様，製造業のみならず，小売・サービス業の成長が著しいが，なかでも，ここ10年間のローカル飲食チェーンの躍進は際立っている。例えば，ベトナムのTrung Nguyen Coffeeというチェーン店は，現地の物価からするとやや高めな印象のある2〜3米ドルのコーヒーを提供しているが，既に国内に2,500店舗を構えている。また，インドネシアのKebab Turki Baba Ratiは，1200店舗以上を展開し，世界最大規模のケバブチェーンといわれている（図表12参照）。マクドナルドやケンタッキーフライドチキン（KFC）といったグローバル飲食チェーンのアセアン諸国への出店も加速しており，マクドナルドのアセアン出店数は，シンガポール（136），フィリピン（572），マレーシア（314），タイ（240），インドネシア（170），ベトナム（17）の1,449店舗であり，KFCのアセアン出店数は，約2,100店舗である。日本で馴染みの深いチェーン店の日本国内での店舗数は，「すき家」1,954店舗（2017年8月時点），「スターバックス」1,223店舗（2016年1月時点），マクドナルド2,884店舗（2018年2月時点），「KFC」1,140店舗（2017年時点）となっていることからも，その店舗数の多さを理解することができるだろう。

165

図表12 アセアンローカル飲食チェーンの店舗展開

	店名	店舗数	事業概要	価格帯（参考）	日本進出
フィリピン	Jollibee	880	フィリピンでマクドナルドを抑えて人気首位のバーガーショップ。	ハンバーガー1個，0.5-1米ドル。	2018年に計画有。
	McDonald's	572	グローバルバーガーショップ	ビッグマックセット，3米ドル。	○
	Mang Inasal	459	Jollibeeのグループ会社。廉価なチキン料理等。	ライスとフライドチキンセット，2-3米ドル。	×
	Chowking	422	Jollibeeのグループ会社。中華料理チェーン。	やきそば1.5米ドル，各種セット3-4米ドル。	×
	Minute Burger	400	ローカルのバーガーショップ。	多くのメニューが1-2米ドル。	×
	KFC	237	グローバルフライドチキンチェーン。	フライドチキンセット，3-4米ドル	○
ベトナム	Trung Nguyen Coffee	2,500	東南アジア最大規模のコーヒーショップ。現地物価からすると高級コーヒーを提供。	コーヒー1杯，2-3米ドル。	×
	Lotteria	207	韓国系バーガショップ。	ランチ限定バーガーセット，1-2米ドル。	○
	KFC	180	グローバルフライドチキンチェーン。	フライドチキンセット，2-3米ドル	○
	1 Phut 30 Giay	130	バーガーやピタなどを屋台で販売。	不明	×
	Highlands Coffee	70	ローカル資本だが店内は欧米式コーヒーショップ。	コーヒー，1-2米ドル。	×
	McDonald's	17	グローバルバーガーショップ	ビッグマックセット，4-5米ドル。	○
タイ	Café Amazon	1,500	タイ石油大手PPTのコーヒーショップ。店舗の8割はガソリンスタンドに併設。スターバックスより2-3割安い。	コーヒー1杯，2米ドル。	2016年に日本に進出。
	KFC	531	グローバルフライドチキンチェーン。	フライドチキンセット，4米ドル	○
	Dunkin' Donuts	273	タイのアメリカンドーナッツ。0.5米ドルほど。	ドーナッツ1個，0.5米ドル。	×
	Blue Cup Coffee	240	タイ大手レストランチェーンのS&Pが展開。	コーヒー1杯，2-3米ドル。	×
	McDonald's	240	グローバルバーガーショップ	ビッグマックセット，4-5米ドル。	○
	Starbucks Coffee	240	グローバルコーヒーチェーン。	トール・ラテ，2-3米ドル	○
マレーシア	KFC	590	グローバルフライドチキンチェーン。	スパイシーバーガーセット，3-4米ドル	○
	Pizza Hut	357	グローバルピザチェーン。	平日だけのランチセット，2米ドル	○
	McDonald's	314	グローバルバーガーチェーン。	マックチキンデラックスバーガーセット，3米ドル	○
	OldTown White Coffee	210	コーヒー豆と一緒にマーガリンと砂糖を加えて焙煎。	コーヒー1杯，1米ドル。	×
	Starbucks Coffee	190	グローバルコーヒーチェーン。	グランデ・ラテ，3米ドル	○

166　第6章　日本企業とアジア新興国市場

シンガポール	McDonald's	136	グローバルバーガーチェーン。	ナレシマバーガーセット，6米ドル	○
	Subway	122	グローバルサンドイッチチェーン。	サンドイッチ（単品），4-5米ドル	○
	Starbucks Coffee	106	グローバルコーヒーチェーン。	グランデ・ラテ，4-5米ドル	○
	KFC	81	グローバルフライドチキンチェーン。	スパイシーバーガーセット，4-5米ドル。	○
	Toast Box	51	カヤトーストと呼ばれるオリジナルトーストとKopiというシンガポール独特のコーヒーが有名。	セット，5米ドル	×
インドネシア	KebabTurki Baba Rati	1,254	インドネシアで最も普及したケバブチェーン。店舗はシンプルな屋台形式が多い。	ケバブ，1.5米ドル。	×
	KFC	500	グローバルフライドチキンチェーン。	バーガーやチキンのセット，2-3米ドル。	○
	Pizza Hut	313	グローバルピザチェーン。	ツナコーン（レギュラー）1枚，7米ドル。	○
	McDonald's	170	グローバルバーガーチェーン。	ビッグマックセット，4-5米ドル	○

（出所）Nikkei Asian Review（2015）をもとに各種情報元から加筆・アップデート。

　こうした経済成長は当然，物価へも反映されることになる。昼下がり，バンコクのオフィス街に隣接するショッピングセンターには多くのビジネスパーソンが列をなしている。こうしたショッピングセンターに出店をしている，大戸屋，ラーメン屋，マクドナルド，スターバックスなど日本でも馴染みの深いチェーン店の値段を比較してみると（図表13参照），日本国内と同等の値段設定となっていることが分かる。また，タイでは，室内での食事には，これとは別に，付加価値税が7％とサービスチャージが10％ほどかかる。

図表13　日タイ価格比較（飲食店）

商品名	日本	タイ
スターバックス・カフェラテ（HOT，トール）	370円	327円（105バーツ）
大戸屋ランチ	699円	588円（189バーツ）
やよい軒　唐揚げ定食	720円	442円（142バーツ）
モスバーガー	370円	277円（ 89バーツ）

新宿さぼてん　さぼてん特選盛り合わせ膳（バンコク）えらべる特選ご膳（日本）	1,780円	1,307円（420バーツ）
マクドナルド・ビッグマック	370円	382円（123バーツ）
ばんからラーメン	720円	591円（190バーツ）
一風堂赤丸新味	820円	933円（300バーツ）
COCO壱番屋　ロースカツカレー	753円	544円（175バーツ）

＊2018年3月9日に各社メニューを参照。交換レートも同日のものを採用。小数点以下，四捨五入。
（出所）各社ウェブサイト等より作成。

　また，メコン地域では携帯電話の普及も日本では考えられないスピードで進んでいる。2005年に10％前後だったカンボジアとラオスの携帯電話の普及率は，2011年には100％に近い水準にまで上昇している。ミャンマーに関しては，2011年ごろに携帯電話市場が出現し，2017年には，既に100％に到達している（図表14参照）。さらに，アジア新興国の多くは日本のように固定電話の段階を経ず，初めての電話がスマートフォンであるということが珍しくない。そのため，SNSの利用に関しては，日本などの先進国と比べても変わりがないどころか，例えば，タイには，4,600万人以上のFacebookの利用者がいるとされ（Bangkok Post 2017），日本の2,800万人を大きく上回る数となっている（Social Media Lab 2018）。タイの人口が約6,500万人であることから，浸透率の高さをみることができる。こうしたスマートフォンの普及は，デジタル経済の進展とともに，デジタル化の渦となって市場へ影響を及ぼすことになり，電子決済などのFintech分野の一部などでは，日本以上に進展がみられる。たとえばタイ・アグリビジネスの最大手のCPグループのエイセンドマネーは，アリババの子会社であるアントフィナンシャル社より30％の出資を受けており，他の東南アジアにおいても今後急速に事業を拡大していくものと思われる。チュラロンコン大学サシン経営大学院においても，地場銀行大手のサイアム商業銀行と協力して，

キャッシュレス化を進めており、学生は、授業料の支払から食堂での食事に至るまでキャッシュレスで行うことができる。

　当然、製造業においても、グローバル規模でデジタル化、IoT化が進展しており、タイなどの新興国企業が、グローバルサプライヤーよりハード・ソフトを導入することで、先進諸国のモノづくりに対するキャッチアップを加速化することは可能である。しかし、一方で、タイ製造業の「既存」の工場をデジタル化していくには、ハード・ソフトへの投資と大幅な変更が必要となるため、しばらくの時間を要するであろう。安川電機タイ社長の山田氏によると、タイなど新興国企業の課題は、「ロボットや機械を使いこなすノウハウの不足であり、最新ロボットや最新装置を生産ラインに導入すればよいわけではない。強化すべきポイントは、高品質を維持することができるオペレーション人材の育成と確保である。」ことを考えると、日本企業としてはリアルデータの蓄積、モノ（ハード）の強さ、ハード・ソフトの融合によるモノづくりの多様化に対するプロセスのフレキシビリティーの向上と複数プロセスの統合といった、「モノづくりの進化」を志向していく必要がある[15]。

　いずれにしても、こうした情報技術の加速的な変化の時代に求められる特性は、将来を正確に予測することではなく、正しい問いを立て続けながら、行動を通じて仮説―検証のサイクルを繰り返していくことのできる、変化適応力であり、安易にモノづくりからコトづくりへの移行ではないのである。

---

15) 2018年2月22日、タイ・バンコクにて開催されたKPMGアドバイザリーボード会議にて、KPMGパートナー古川氏の司会のもとで行われた、安川電機タイ社長の山田氏と藤岡のパネルセッションにおける発言をもとに作成。

図表14 カンボジア，ラオス，ミャンマーの携帯電話普及率（2005〜2017）

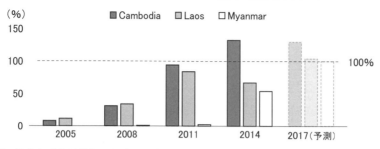

（出所）総務省「世界情報通信事情」（http://www.soumu.go.jp/g-ict/country/lao/detail.html#mobile）（2018年3月4日閲覧），SEKAI LAB TIMES（2014）（https://www.sekai-lab.com/times/?p=165）（2017年2月15日閲覧），国際情報化協力センター（2016）「アジアのIT動向比較」，大泉（2013）などをもとに作成。大和総研（2017）によれば，2016年のミャンマーの携帯電話の普及率は89％。日本経済新聞（2016）によるとミャンマーは2017年度初旬には100％に達成する見込み。Coconuts Yangon（2017）によれば，2017年1月末時点で，人口約5300万人に対して，電話の登録台数が5400万台を突破。ラオスの2014年と2017年の普及率はWireless Wire News（2013）の普及率104％を参考（https://wirelesswire.jp/2013/12/34371/）。2017年のカンボジアはCICC（2016）の2015年の約130％を参考にした。

2.「現地化」のプロセスで求められること
―現地化の中身を詰め（定義づけ），共有し，コミュニケーションを図る

　均一性の高い日本の市場空間とは異なり，細かなエリアごとに所得レベルや生活様式が異なる人々がモザイク模様に生活をしている新興国市場を捉えていくには（川端 2005），本国主義的なアプローチではなく，ある程度現地に権限を委譲しながら積極的に現地の市場と対話を通じた戦略の創りこみが必要となる。そのためには，現地への権限委譲とローカル・ナレッジを踏まえながら，統合と分散の二項対立を乗り越えるためのマネジメント・コントロール・システムの再構築と現地化を可能とするアカウンタビリティー（説明責任）の徹底を通じたガバナンスの仕組みが構築されていなければならない。現地の市場は，競合他社の市場への働きかけや現地消費者の嗜好の移り変わりによって刻一刻とダイナ

ミックに変化している。こうした変化への対応は，本国（先進国）中心主義的な視座で現地市場を捉えるのではなく，自ら（本国）とは異なる文脈で事業を展開するパートナーとの継続的な対話や，現地で生活する人々との交流を通じて，現地の人々のそれぞれが置かれた状況・現場に即して知識を常に更新し続けなくてはならない。

以下では，日本国内の住宅着工数が減少し，市場が確実に縮小していくなか，大手日系企業の住宅カンパニーであるS社が，どのようにタイにおいて日本式の工業住宅を製造・販売していったのか，その現地化のプロセスを取り上げてみたい。S社は，タイ市場への進出に際して，現地最大手の王室系の企業であるC社と合弁でCS社（仮名）を2009年に設立し，バンコクから北へ2時間半のサラブリという地域に世界最先端の設備と生産能力を有する工場を設立し，タイ市場に対する工業化住宅の普及に取り組んでいる。

同社の特徴としては，「極力工場でつくることで，建築現場での作業を減らし，計画した性能をきちんと発揮する。それをわが社では品質と呼んでいる。」（現地社長談），というように，全工程の約8割近くを工場で生産する。これにより，住宅品質の向上はもとより，工期の大幅な短縮に成功している。S社では，現地化を推進していくにあたり，先ず現地パートナーとの役割分担（つくり手と売り手の役割）を明確化した。

まず，日本側は工業化住宅生産に必要な技術力と企画から設計，部品調達，生産，施工，アフターフォローまで工業化住宅提供ビジネスモデルのノウハウの提供，タイ側は会社設立のための基本事項や販売人材の管理，販売ルートの確立，見込客の発掘など販売面とヒトにかかわる問題を支援することにした。

そのうえで，「これだけは譲ることのできない」部分と「現地のやり

方や文化に合わせなければならない」部分を明確化した。「日本側が譲れないことというのは，譲ってしまったらわれわれがここにいる意味がないという部分，つまり，工業化でもたらされるメリットと特徴，そしてお客様へのベネフィット。これが無くなれば，日本企業としてやる価値がない」（現地社長談），「工業化の部品を組み立てるルールは1つも譲れない。譲ると工業化で無くなってしまうし，工業化のメリットが出なくなる。」（本社海外事業部長），というように，工業化の基本的な考え方は徹底した。特に，タイ在来の住宅産業には存在しなかった概念である「品質（性能）」「気密性」「断熱性」といった機能の必要性を根気よく現地に浸透させ，「大幅な工期の遅れ」や「アフターサービスの欠如」といった在来工法の抱える問題の解決策を提供していくことで，タイ人の生活を豊かにしていくという理念を追求するという点に注力した。前者に関しては，顧客が気付いていない未充足ニーズに気が付いてもらうプロセスであり，後者は顧客が共通して抱える課題に対するソリューションの提供である。

　しかし，一方で，そのことは，現地化を進める上で，必ずしもすべての顧客ニーズに合致するものではなかった。むしろ，工業化住宅によって諦めなくてはならない部分は，多くの顧客にとって致命的なものと映ったのである。まず何よりも，規格化された住宅を工場でつくるということは，設計の自由度など，タイの顧客が「つくりながら仕様を変更し，そのプロセスを楽しむ」「大変だけど，その過程を楽しむのがタイ人の家づくり」（現地パートナー部長談）という考え方とは間逆であり，受注後の仕様変更は基本的にできないなど，「捨てなければならないこと」とその理由を，先ずはパートナーであるタイ側に丹念に説明していく必要があった。

　また合弁事業に当たっては，「地球環境にやさしく，60年以上住むこ

とができる住宅の提供」という経営理念を共有し，工期の長さ，労働者不足，アフターサービスの欠如，など「タイ国内の住宅産業の課題に対するソリューションを提供することを通じて，タイ人の暮らしを快適にすることを目指す」という共通の理念を共有した。「タイ側のトップだけではなく，現場の社員，営業社員に対しても住宅を工業化するということはどういうことか，それをどのようにお客様に伝えていくか。ある種，新興宗教的な，布教活動的なことからはじめなくてはなりませんでした。‥‥まず売る側が良いと思わなくてはならない。」（現地社長談），ということで，カスタムメイドが要求される戸建住宅販売の分野で，工業化された住宅を販売することの価値と意義を理解してもらうという作業は決して容易なことではなかった。また，相手にとっては，それがなくても不便を感じていない価値を認めさせるということは非常に労力のいる作業であった。つまり，工業化住宅の「最も基本的な価値」を認知してもらう，つまり製品についての1次機能を理解してもらう必要があったのである。

　こうした作業をしていくプロセスで，現地の日本人マネジメントチームは，「現地化」という用語そのものの定義を整理していく必要性があることに気が付く。そこで，まず，今までタイでやってきたやり方で変えることのできない部分，あるいは両者の良いところを組み合わせてハイブリッド化する部分，タイのやり方を日本のやり方に変えていく部分，というように3分類をした上で，現地化を，「迎合─融合─置換」という3つの概念を用いて定義をし，現地化のプロセスを捉えることにした。以下にそれぞれを簡単にみていくことにしたい。

　「迎合」とは，今までのタイのやり方や，タイの生活様式や商慣行からみて変えることのできない部分，あるいは現地の優れた点に日本側が合わせていくことである。例えば，タイには鉄骨で住宅をつくるという

ことを想定していない為に，国（自治体）に対して認可を申請する仕組みがないため，住宅許可申請の仕組みづくりをタイ側と協力してつくる必要があった。また，柱と梁で住宅建築の仕組みを受け入れてもらうには，日本には，地震，台風，積雪など自然災害に対する耐性が必要なことを何度も繰り返し説明することで，構造計算の前提を共有していきながらも，耐震性などタイにはオーバースペックである部分を取り除くことで，新たな基準を作成し，コスト削減をあわせて実施していかなくてはならなかった。特にタイでは，自分の構造体以外から，外部の影響を想定して構造の計算をする必要がないので，簡素化すべきところは簡素化していく必要があった。また，意匠的には「タイ人のニーズに合うようなお化粧をするために，装飾部材を活用し，日本ではなかったような外観の多様性を進めている」（現地部長談）。この他にも，寝室の数だけ必要な浴室やタイキッチンと洋式キッチンの2つを1つの住宅に設置するという日本にはまったくない仕様への対応が求められた。さらに，日本では日当たりを良くするのが一般的であるが，タイでは，逆に日が当たらないように，2階の軒を1.5メートル出すことで直射日光を遮るなどの工夫もしている。

「融合」とは，現地のやり方の強みと日本側の強みを掛け合わせることで互いに補完していくことである。例えば，現地の事情を深く理解し，優秀かつ潜在力のあるタイ人社員に対して，日本式の教育や理念と生産プロセスを学んでもらうことでさらに成長をしてもらう取り組みや，工業化住宅の「職人」を育成し，施工体制を整えることで，生産性の向上を目指す取り組みである。タイ国内の住宅産業には，多くの不法労働者が劣悪な環境下で従事しており，その多くが最低賃金以下で働かされているという実情がある。そこで，CS社では，内装仕上げ，外観，電気工事などのスキルを修得できる学校を工場内に設置することで技能

を身に付けさせ，日雇い労働者ではなく，「職人」として成長してもらうことを目指した。また，歩合制度を導入し，成果に合わせて報酬を決めることで，日雇い賃金の2〜3倍の給与を受け取ることが出来る仕組みとし，現場の従業員との長期的な互恵関係の構築に取り組んだのである。こうしたトレーニングプログラムは無料であり，現在300人近くの修了生を出している。「融合は，施工なんです」という現地社長の言葉にあるように，タイの在来のやり方をそのまま受け入れたわけでも，日本のやり方を押し付けたものでもない。試行錯誤を通じて，悩み続けた結果，最終的には学校を設立することで，工業化住宅の特性と顧客にとっての便益の提供を根気強く図っていくという決断となった。こうした地道な取り組みが成果を挙げつつあり，従来150日かかっていた施工が，現在は日本と同じレベルで完成できるようになった。タイの住宅の広さは日本の倍の300㎡はあるので，工期という形と実際に施工できる工事能力という2点において絶大な成果が出たのである。担当者によると，約2年間のプロジェクトを通じて工期と工事能力を日本の水準に高めることが可能となったという。

　最後に，「置換」とは，タイのこれまでのやり方を日本式に置換することである。例えば，これまで，タイの住宅では，気密・断熱性を求めるという思考自体がなく，多くの住宅がレンガを積み上げ，つくられてきた。S社のやり方はセメントボード2枚に空間を作って断熱材をいれることで，壁に断熱性を求める。これにより，断熱性が高まり，冷房費が抑えられる。さらに簡易な空気循環システムを導入し，部屋の中の状態をよく保つことで，外の汚染された空気を室内にいれることなく，室内の冷気を逃すことなく熱交換が可能となる。こうした換気システムは，空気汚染が進む都市部においてタイの在来工法住宅との大きな差別化になりつつある。また，「玄関」という概念のないタイの住宅におい

て，靴を脱ぐ場所に段差を作ることが衛生上大切であることを説明し導入をした例も置換といえるだろう。

　このように新興国市場における現地化を考えるには，「現地の人々の暮らしの向上に役立つ，暮らしを良くする」という理念と，現地パートナーとの協業の役割分担を明確に時間をかけて共有した上で，「現地化」という用語を日々の実践を通じて定義づけをしていくことが重要であった。本事例では，現地に迎合する部分，日本と現地の良さを組み合わせる融合，そして現地のやり方を日本のやり方に完全に置き換えていく置換，という3つの概念を用いて現地化という用語に対する組織成員の共通理解を深めたうえで，具体的な活動と結びつけることで現地化の実践を展開していた。ここで重要なポイントは，自らの強みを徹底的に考え抜き，日本での事業展開で長年に渡り培ってきた「工業化住宅」とそれによってもたらされる現地の「消費者のメリットに関わる部分」は，決して譲歩することなく貫くことで，現地のやり方を日本のやり方に「置換」している点である。しかし，「私たちは，迎合，融合，置換のどれにおいても，まだまだ満足をしていないし，そもそも顧客のニーズは日々進化をしていくものであり，それに合わせて自らも進化しなくてはならない」（現地社長談）というように，試行錯誤のプロセスのなかから抽象と具象の往復運動を繰り返していくなかで，日々戦略を昇華させていかなくてはならないのである。このプロセスには終わりがあるわけではなく，常に進化し続ける現地消費者にたいして，自らの事業モデルも進化させ続けていかなくてはならないのである。

　詳細は別稿に譲るが，本事例でみてきたように，こうした市場との絶え間ない対話を通じて，自らを変化させていくと同時に，変えることのない事業の核となるものを失うことなく，グローバル統合と現地適応のバランスをいかにマネジメントしていくのかという点がグローバルビジ

ネスの要諦となる。つまり，本国主義的な経営観から，ジオセントリックあるいはポリセントリックな経営観への移行という直線的な変化を志向するのではなく，違いを認識し，尊重したうえで，自らを相対化し，現地と融合し，場を共有することで新たな価値を現地パートナーと共創していくことであり，複雑に絡み合う重層的な文脈を一つ一つ丁寧に紐解きながら，ビジネスを複眼的に理解しようとする真摯な態度が肝要となる。

Ⅳ むすびにかえて

　本章では，アジア新興国市場の可能性についてメコン地域を中心に取り上げながら，新興国市場で事業を行う上で留意すべき点を様々な観点から整理した。まず，日系企業の進出数の多さ，自動車・電気/電子関連のような裾野の広い部品産業の高度な産業集積の発展，技術力，市場の拡大，地理的な優位性など，メコン地域のリーダー国として，タイの潜在性の高さと日本企業にとっての重要性を指摘した。メコン地域はASEAN市場のみならず，中国・インドという世界二大市場を睨んだ，戦略的な生産・事業拠点として，多くの企業の注目を集めている。しかし，一方で，急速に成長し，発展途上国から先進国への移行期にある経済に特有の中所得国の罠や，所得の格差，人口動態の問題など，タイをはじめとするアジア新興国には，社会構造的・人口構造的な問題が山積している。今後日本企業は，こうした新興国に共通してみられる課題に対して，現地の人々の暮らしや生活を豊かにしていくための，ソリューションを現地へ提供していくことで，新たな価値創出を志向していく必要がある。

　第Ⅲ節では，市場規模の推計方法や日本の製品やサービスの現地化に

関する留意点について整理をした。新興国市場の規模の推計などに際しては，先進国とは若干異なるアプローチが求められることを指摘し，その理由として，5つのポイントを挙げた。この点に関しては，しっかりと先進国との特性の違いを理解すれば，ある程度は定型的に対応が可能な部分である。一方で，現地化のプロセスに関しては，パートナーや市場との対話が必要であり，成熟した日本市場での成功体験に基づく思考方法に固執し，従来の事業モデルを無批判に踏襲するのではなく，現地に棲み込み，自社の製品やサービスを現地の視点で再評価することが求められることを指摘した。その際，場合によっては，新たにバリュー・プロポジションとそれを支える事業の仕組みそのものを再構築していかなくてはならず，この点が多くの日本企業の課題となることを指摘した[16]。

　組織が継続的に新たな環境に適応していくためには，組織は主体的にその戦略・組織を革新し続けていかなければならない。こうした自己革新組織の本質は，自己と世界に関する新たな認識枠組みを作りだすこと，すなわち概念の創造にある（野中 2017）。しかし，既成の秩序を自ら解体したり既存の枠組みを組み換えたりして，新たな概念を創り出すことは，私たち日本人の苦手とするところである。工業化住宅の現地化のプロセスでみてきたように，自らの依って立つ概念についての自覚が希薄だからこそ，いま現在おこなっていること（「現地化」ということ）が何なのかということの意味を深く理解し，共有しなければならない。パターン化された「模範解答」の繰り返しに終始していたのでは新興国

16）特に，小売業・サービス業では，モザイク模様に拡がる多様性に富む新興市場の開拓に際して，同じ製品を複数の市場で同じように展開することが可能であるという先進国の発想からの脱却が必要であり，同じ国の中に複数のセグメント化された市場が存するという考え方に改めていく必要がある（川端 2005）。

市場の成長を取り込んでいくことはできないのである。

　不確実性の高い環境下で大切なことは，正しい答えを見つけ出すことでも，正確な地図を描くことでもない。方位磁石を片手に行動を起こすことであり，どこで失敗をしたのかというポイントが分かる仕組みを構築し，失敗の資産化を通じた知の積み上げをしていくことである。時には，自己否定的な学習をしながら，従来の成熟した日本市場における過剰適応から意識的に抜け出すことも必要となる。なぜなら，従来の環境への過剰適応は，逆に新たな環境に対する環境適応能力を締め出し，コア・コンピタンス（core competence）がコア・リジリティ（core rigidity）と変化することで，獲得した知識やスキルが重荷となって組織を硬直化させてしまうことがあるからである（Leonard-Barton 1992・1995）。特に，集約や標準化による効率化という日本企業が得意としてきた日本的生産システムのアジアへの移植モデルに対して，市場としての重要性を高めてきたアジア諸国への対応は，現地適応や分散化という，これまでとは逆の思考が求められる。これまで日本企業が培ってきた東南アジアにおける競争上の優位性は決して持続的なものではないことを認識し，今後の対応次第では急速にその競争力を弱め，グローバル・チェスから脱落していくことにもなりかねないということを肝に銘じておかねばならない。「市場が企業を生かす」のであるとするならば，「新興アジア市場が日本企業を生かす」時代は目前に迫っている。

【参考文献・資料】

Bangkok Post (2018) "REIC: Bangkok's vacant plot prices rise 13.2%" 26 February 2018.

Bangkok Post (2017) "Who are Thailand's 46 Million Facebook Users?" 2 August 2017.

Bartlett, C.A. and Ghoshal, S. (1989) *Managing Across Borders: The Transnational Solution*, Harvard Business School Press.

Dunning, J.H. (1988) "The Eclectic Paradigm of International Production: A Restatement and Some Possible Extensions," *Journal of International Business Studies*, 19(1), pp.1-31.

Hill, H. and Kohpaiboon, A. (2017) "Lessons from Southeast Asia," Ing, L.Y. and Kimura, F. (eds.) *Production Networks in Southeast Asia*, Routledge.

Jarillo, J.C. and Martínez, J.I. (1990) "Different Roles for Subsidiaries: The Case of Multinational Corporations in Spain," *Strategic Management Journal*, 11(7), pp.501-512.

KResearch (2015) "Thailand Hard-disk drive industry: impending challenges and opportunities on the horizon," *KasikornThai Econ Analysis*, No.2620, April 20.

Leonard-Barton, D. (1995) *Wellsprings of Knowledge: Building and Sustaining the Sources of Innovation*, Harvard Business School Press.

Leonard-Barton, D. (1992) "Core Capabilities and Core Rigidities: A Paradox in Managing New Product Development," *Strategic Management Journal*, Vol.13, pp.111-125.

McGrath, R.G. (2013) *The End of Competitive Advantage: How to Keep Your Strategy Moving as Fast as Your Business*, Harvard Business Review Press.

NESDB (2015) *Gross Regional and Provincial Product, Chain Volume Measures 2013*.

Perlmutter, H.V. (1969) "The Tortuous Evolution of Multinational Enterprises". *Columbia Journal of World Business*, (1), pp.9-18.

Prahalad, C.K. and Yves Doz (1987) *The Multinational Mission: Balancing Local Demands and Global Vision*. NewYork: The Free Press.

Schneider, F. (1998) "Further Empirical Results of the Size of the Shadow Economy of 17 OECD Countries Over Time," Paper presented at 54th Congress of IIPF, Cordoba, Argentina and discussion paper, Econ. Dept., U. Linz, Austria in Schneider and Enste (2000).

Schneider, F. and Enste, D.H. (2000) "Shadow Economies: Size, Causes, and Consequences," *Journal of Economic Literature*, Vol.38 (March 2000), pp.77-114.

Schneider, F., Buehnb, A. and Montenegroc, C.E. (2010) "New Estimates for the Shadow Economies all over the World," *International Economic Journal*, 24(4), pp.443-461.

Nikkei Asian Review(2015) "Southeast Asia's burgeoning restaurant and coffee chains," October 29 2015, online version (Last access on 12 March 2018).（https://asia.nikkei.com/Business/Trends/Southeast-Asia-s-burgeoning-restaurant-and-coffee-chains）

Thailand Autobook (2017) Kaiser International Limited (Last access on 12 March 2018).（https://static1.squarespace.com/static/56993b1069a91a bbe6dbf5fa/t/5883ac3d15d5dbbc792ac6dc/1485024400271/Thailand+ AutoBook+2017+Preview.pdf）

浅川和宏（2003）『グローバル経営入門』日本経済新聞社。

磯辺剛彦（2010）「新興国における制度優位の戦略」『海外投融資』11月号。

牛山隆一（2017）「注目される「陸のASEAN」〜躍動するタイ・ベトナム企業〜」『月間資本市場』2017年5月号，pp.28-35.

大泉啓一郎（2013）「「タイプラスワン」の可能性を考える」『環太平洋ビジネス情報』第13号第51巻，pp.1-23.

川端基夫（2005）『アジア市場のコンテキスト：東南アジア編：グローバリゼーションの現場から』新評論。

川辺純子（2008）「戦前タイにおける日本商社の活動：三井物産バンコク支店の事例」『城西大学経営紀要』Vol.4，pp.1-21.

経済産業省（2017a）『第46回海外事業活動基本調査概要（2015年実績)』。

経済産業省（2017b）『タイのヘルスケア市場環境に関する基本情報』。

経済産業省（2015a）「メコン産業開発ビジョン」（最終閲覧日：2018年3月12日）（http://www.meti.go.jp/press/2015/08/20150824003/20150824003. html)。

経済産業省（2015b）『通商白書2015年度版』。

経済産業省（2009）『第38回海外事業活動基本調査概要（2007年実績)』。

国際情報化協力センター（2016）「アジアのIT動向比較」（最終閲覧日：2018年3月13日）（http://www.cicc.or.jp/japanese/kouenkai/pdf_ppt/pastfile/ h27/150903-01.pdf)。

埼玉大学経済学部（2013）「タイ王国雇用と経済格差に関する情報収集・確認調査報告書」『日本国際開発機構』。

佐藤厚（2006）「経営のグローバル化と人的資源管理―電機メーカーの事例」『同志社政策科学研究』8(2), pp.1-29.

JBIC（国際協力銀行）（2016）『わが国製造業企業の海外事業展開に関する調査報告（第28回）』。

JBIC（国際協力銀行）（2008）『わが国製造業企業の海外事業展開に関する調査報告（第20回）』。

JETRO（2017a）『拡大するASEAN市場へのサービス業進出』JETROシンガポール事務所。

JETRO（2017b）『ジェトロ世界貿易投資報告2017年版～転換期を迎えるグローバル経済～』JETRO海外調査部。

JETROウェブサイト「直接投資統計：日本の直接投資（国際収支ベース，ネット，フロー）」（最終閲覧日：2017年9月17日）（https://www.jetro.go.jp/world/japan/stats/fdi.html調査部）。

嶋口充輝・石井淳蔵（1995）『現代マーケティング（新版）』有斐閣。

シュナイダー, F.（2017）「GDP，ウェルビーイング，幸福とシャドーエコノミー」『ソーシャル・ウェルビーイング研究論集』第3号（2017年3月），pp.33-51.

SEKAI LAB TIMES（2014）（最終閲覧日：2017年2月15日）（https://www.sekai-lab.com/times/?p=165）。

Social Media Lab（2018）「2018年3月更新！11のソーシャルメディア最新動向データまとめ」（最終閲覧日：2018年3月2日）。

総務省「世界情報通信事情」（最終閲覧日：2018年3月4日）（http://www.soumu.go.jp/g-ict/country/lao/detail.html#mobile）。

大和総研（2017）「ミャンマーの携帯電話事情」『東南アジア経済』2017年9月12日号。

内閣府（2015）『世界経済の潮流2014年Ⅱ：新興国経済のリスクと可能性』。

永田公彦（2011）「EU首脳会議に世界が注目 いよいよ本格化する欧州危機とその裏に潜む「シャドーエコノミー」」『パリ発 ニッポンに一言』（ダイヤモンド・オンライン）2011年12月8日号（最終閲覧日：2018年3月5日）（http://diamond.jp/articles/-/15247）。

日本経済新聞（2016）「ミャンマー携帯普及率100％へ　外資参入で低料金に」2016年7月25日電子版。

野中郁次郎（2017）『知的機動力の本質：アメリカ海兵隊の組織論的研究』中央公論新社。

野村アセットマネジメント（2017）「都市化が進む新興国」（最終閲覧日：2018年3月13日）（https://www.nomura-am.co.jp/market/news/20170822_4EA0A624.pdf）。

藤岡資正編著（2015）『日本企業のタイ＋ワン戦略—メコン地域での価値共創へ向けて』同友館。

藤岡資正（2012）「タイの市場：市場規模の推計方法について」藤岡資正・チャイポンポンパニッチ・関智宏編著『タイビジネスと日本企業』同友館。

藤岡資正（2010）「バンコク首都圏における潜在顧客数の推定手法」『バンコク日本人商工会議所所報』582号，pp.9-17.

古沢昌之（2009）「日本企業の「グローバル人的資源管理」に関する一考察—日産自動車の事例研究」『大阪商業大学論集』151・152号，pp.217-234.

森健（2013）「新興国とは何か」『知的資産創造』（野村総研）1月号，pp.58-69.

山本亜由子（2017）「日本企業の進出が加速している国トップ20」（最終閲覧日：2018年3月4日）（http://toyokeizai.net/articles/-/172367）。

WirelessWire News（2013）「東南アジア編（4）ラオスの通信事情」（最終閲覧日：2018年3月13日）（https://wirelesswire.jp/2013/12/34371/）。

藤岡資正

おわりに

　私たち日本人は，戦後の焼け野原から復興を果たし，経済的にも世界有数の国へと発展を遂げてきた。この産業発展の核となったのは間違いなくヒトであり，互いに助け合いながら，国の再興という大きなビジョンの下に，1人1人がそれぞれの責務を全うしてきた。その帰結として，現在の素晴らしい日本国があるのだと思う。しかし，同時に，現在の日本国は，他の欧米先進国に先駆けて少子高齢化問題に直面し，多くの構造的な課題を抱えており，今後その厳しさはさらに増していくことになるであろう。

　一方で，アジアの新興国に目を向けてみると，現在，日本が直面している人口構造的な課題は，遅かれ早かれ，多くのアジアの新興国が直面することになる。それも，日本より早い移行期間で，かつ，一人当たりGDPがまだ低く，社会保障システムも未整備の状態で，高齢化社会・高齢社会を迎えることになる。このように，見方を変えると，私たちは，経済発展という意味合いで先進国であると同時に，多くの構造的課題にいち早く直面している課題の先進国でもある。私は，ここに日本企業の活路があると考えている。これから多くの社会的・構造的な課題に直面するアジアには全世界の人口の半数以上が暮らしている。こうした国々の社会や人々が抱える課題に対して，課題先進国における事業展開の蓄積がある日本企業がソリューションを提供していくことで，アジアと共に発展をしていくことが可能となる。

　今後，アジアの新興国市場へ進出をしてくる日系企業にとっては，中

所得・新興国が抱えている課題に対して，自社でどのようなソリューションを提供できるのかという「ソリューション提供型」のビジネスモデルの構築が大切になる。本書でみてきたように，いかに品質が良く技術的に優れた商品でも，現地の人たちに受け入れられなければ意味がない。今までの，日本側に正しいモノづくりの答えがある状況で，日本の本社が意思決定を下し，現地法人がそれに従うという日本型生産システムの輸出モデルとしてのアジア戦略ではなく，日本の強みを活用しながらも，現地に棲み込み，現地の人々が抱える課題を理解し，現地と共に価値を創出していく，「価値共創」の視点が益々大切になってくるであろう。

　本書でみてきたように，世界の工場から，世界の市場へと大きく変貌を遂げつつあるアジア新興国での事業展開は，加速的に進展しつつあるデジタル化とそれにともなうゲームのルールの変化と相まって，大きな渦となって日本企業を飲み込みつつある。こうした変化への対応は不可避ではあるが，一方で，こうした渦の流れに受動的に対応し，流行りのフレームやツールに振り回されてしまうことで，組織が疲弊してしまうことがあってはならない。「海外展開せよ！」という，トップの大号令のもと，戦略的一貫性なき部分最適の追求により，本社と現地の間の板挟みとなり，もがき続けている現地事業責任者を多く見続けてきた。こうしたなか，アジアのビジネススクールで教鞭をとるものとして，どのような形で日系企業のアジア化の手助けをすることができるかについて自問自答を繰り返してきた。その答は，まだまだ見つかりそうにはないが，多くのビジネスパーソンや政府関係者とかかわりを持たせてもらう中で，いま日本のビジネスパーソンに求められていることは，将来を志向する戦略的思考フレームのみならず，常に自らを省みることのできる

基軸（哲学）であり，それがあっての理論的支柱なのではないだろうか
と考えるようになった。

　こうしたなか，同友館の佐藤文彦氏より，2012年に刊行した『日本
企業とタイビジネス』の改訂版出版のお誘いを2016年にいただいた。
その間，ほぼ毎年増刷を重ねることができたことは編著者の1人として
大きな喜びである。しかし，執筆者の多くが前職を離れていることもあ
り，各種統計資料データを改訂し，時々に現地政府によって放たれ続け
る新たな政策のアップデートをしているだけでは，新興国ビジネスの経
営現場に対する処方箋を提供するには不十分であることから，基本的な
コンセプトは踏襲しながらも，近年におけるアジアの新興国ビジネスの
実態を新たに捉えなおした方が良いであろうという結論に至った。そこ
で，本書を企画することになったのであるが，ちょうどタイミングよ
く，一橋大学大学院より日本を代表する新興国マーケティングの理論研
究のお一人である上原渉先生がチュラロンコン大学に長期研究滞在で来
られることになり，本書の執筆を快く引く受けてくれることになった。
また，同じころ，私の長年の共同研究者であり先輩でもあるジッティ
マ・トングライ（Jittima Tongurai）先生が神戸大学大学院経営学研究
科に移籍することとなり，本書のプロジェクトについて協力いただける
ことになった。また，新興国市場での価値共創のプロセスを丹念に研究
しておられる大阪産業大学商学部の藤岡芳郎先生，前著の共編者の一人
であり中小企業のアジア展開の研究を長年続けておられる同志社大学商
学部の関智宏先生，そして，コンサルティング・プロジェクトの第一線
でご活躍されている戦略コンサルティングファームCDI社の小川達大
先生にも快諾していただき，ようやく本書のプロジェクトが前進するこ
ととなった。ご多忙極まりない中，本書のプロジェクトに参画して下

186　おわりに

さった執筆者の皆様には，この場を借りて，心より感謝を申し上げたい。また，本書で3冊目の共同作業となる同友館の佐藤氏には，いつもながら延々として進まない仕事を辛抱強く待ち，出版プロセスを円滑に進めて頂き，感謝するばかりである。

　上述した皆様のご協力に加えて，日々アジア新興国市場の現場の第一線で共に悩み，考え，失敗を繰り返しながらも，直向きに仕事に取り組まれている方々からの声がなければ，そもそも本書を仕上げるためのモチベーションは湧き上がってこなかったであろう。すべての方々のお名前を挙げることができないのが誠に残念ではあるが，日本国経済産業省，在タイ日本国大使館，国際協力機構（JICA）及び日本貿易振興機構（JETRO），姫路市をはじめとする地方行政の担当者の方々，各種金融機関，日本商工会議所，中小企業家同友会の皆様からは，常に温かいご支援を受けている。ここに記して心より感謝の意を表したい。

　また，企業実践の場では，日本を代表する戦略コンサルティングファームであるコーポレイト・ディレクション社の石井光太郎代表，地方創成の核企業として積極的にアジア展開や人材育成に取り組まれている神姫バス代表取締役社長の長尾真氏をはじめとする同社の皆様，タイ市場で工業化住宅を展開している積水化学工業住宅カンパニー社長の藤原雅也氏をはじめとする経営陣の皆様，グローバル展開を支える戦略シフトの推進役であるIHIグループ・アジアパシフィック社長（IHI理事）の堀口浩氏をはじめとする同社の皆様，新興国マーケティング実践の第一人者である森永製菓取締役執行役員海外事業本部長の山下充洋氏，中小企業の海外展開の重要性を指摘し続けておられる中央電機計器製作所会長の畑野吉雄氏，タイで工場を設立し海外展開を続けている大力鉄工

社長の清水規裕氏には長年に渡り，臨床経営学の実践の場を与えていただいている。さらに，人材育成・開発に関しては，大前研一先生をはじめとするビジネス・ブレークスルー社の皆様，グロービス経営大学院の堀義人代表をはじめとする皆様，日本経済新聞社の日経グループアジア本社社長の今井秀和氏，高畠知子人材教育事業局長・渡辺雄一郎局次長をはじめとする皆様に感謝申し上げたい。

　新興国で日系企業の進出を支援し，関連政策を立案し，実践していくということは，これだけ多くのステークホルダーの方々のお力添えなくしては成り立たないのである。改めて，日系企業の支援や新興国との価値共創には，多種多様なアクターが協働できるプラットフォームの創設が不可欠であることを痛感している。

　また，以下の諸先生方にも，この場を借りて，改めて 深甚たる感謝の意を表したい。英国オックスフォード大学留学時代の指導教官であったトモ鈴木先生（現早稲田大学教授）とクリス・チャップマン先生（現ブリストル大学教授）には，博士論文以降の理論研究の成果をまとめる時間的猶予を与えて頂き，いまでも見守り続けていただいている。また，グローバルな舞台で研究活動をしていくための基礎を鍛えていただいた，大阪市立大学大学院の岡野浩先生，京都大学大学院の澤邉紀生先生，坂根博先生（現大阪学院大学），安酸建二先生（現近畿大学）からは，多くの学恩を受けている。また，ノースウエスタン大学ドナルド・ジェイコフ元学長，ディパック・ジェイン前学長（現CEIBS学長），サシン経営大学院トムサック・クリシュナムラ前学長，名古屋商科大学学長栗本宏先生と栗本博行先生，岡山理科大学教授の村松潤一先生には，公私ともにご指導いただいている。日本のビジネススクールの国際化を

188　おわりに

先導され，私の良きメンターでもあった故青井倫一先生（元慶應ビジネススクール校長・元明治大学ビジネススクール研究科長），常にアジアで活動する私を気に掛けて頂いている河野宏和先生（慶應ビジネススクール校長）には，アジアから日本を見つめなおすことの重要性を教えて頂き，いつも励ましのお言葉をいただいている。皆様には，衷心より感謝申し上げたい。

　明治大学ビジネススクール，チュラロンコン大学サシン経営大学院，ノースウエスタン大学ケロッグ経営大学院，名古屋商科大学ビジネススクール，早稲田大学ビジネススクールの皆様には，最高の研究・教育活動の場を与えていただき，心より感謝申し上げたい。英国，米国，タイ，そして日本と，4つの国に，理解のあるアドバイザーを得ることができる幸運は，滅多にあることではない。

　最後ではあるが，いつも勝手気ままに研究活動を続けている私を支え続けてくれている家族の温もりに感謝するとともに，今では数年に一度しか集まることができないが，シャープ共同CEOの高山俊明氏及び鴻海精密工業海外部長の高山郁明氏をはじめ，苦楽を共にしてきた多くの友人達の変わらぬ友情に対して，感謝の気持ちを忘れることなく前進していくことを誓いたい。

　2018年3月吉日　駿河台にて

藤岡　資正
（TAKAMASA FUJIOKA）

【執筆者一覧】

上原　渉（ウエハラ　ワタル）‥‥‥‥‥‥‥‥‥‥‥‥‥‥‥第1章執筆
一橋大学大学院経営管理研究科准教授。
2008年に一橋大学大学院商学研究科博士後期課程を修了し，武蔵野大学政治
経済学部専任講師，一橋大学大学院商学研究科講師，准教授を経て，2018年
より現職。博士（商学）。2016～18年チュラロンコン大学ビジネススクールに
て客員研究員。マーケティング活動に関する企業の組織的な課題や海外現地法
人のマネジメントに関心がある。
［主要業績］
『日本企業のマーケティング力』（共著）有斐閣，2012年。
「ポリモルフィック・マーケティング—情報通信技術による価値創造へのアプ
　　　ローチ」『マーケティング・ジャーナル』Vol.37(1)，2017，pp.5-21.
Taylor and Francis Best Conference Award (Global Marketing Conference,
　　　2014).
Marketing Trends Awards (International Marketing Trends Conference, 2018).

Jittima Tongurai（ジッティマ・トングライ）‥‥‥‥‥‥‥‥第2章執筆
神戸大学大学院経営学研究科准教授。
大阪市立大学大学院博士課程修了（博士（商学））。アサンプション大学経営学
部講師，タンマサート大学シリントーン国際工学部（SIIT）講師，JSPSポス
トドクトラルフェロー（大分大学経済学部），タイ国立開発行政大学院大学
（NIDA）観光経営学研究科助教授及び同校 Competitiveness Research Center
のディレクター（2012～2014年），宮崎国際大学国際教養学部准教授を経て
現職。2014年より *Journal of Asia Business Studies* 誌の編集委員などを務める。
［主要業績］
Tongurai, J. & Vithessonthi, C. (2018) The impact of the banking sector on
　　　economic structure and growth. *International Review of Financial Analysis*,
　　　56, pp.193-207.
Tongurai, J. & Fujioka, T. (2017) Thailand-Plus-One strategy: Practices of Jap-
　　　anese firms in the Greater Mekong Subregion. *FIIB (Fortune Institute of In-
　　　ternational Business) Business Review*, 6(4), pp.3-9.

Tongurai, J. (2017) Bank Internationalization. 『神戸大学経済経営学会 国民経済雑誌「経済学・経営学：学習のために」』平成29年度前期号，pp.53-62.

Tongurai, J. (2015) Credit guarantee schemes in emerging markets economies: evidence from Thailand. 『同志社商学』第66巻第5号，pp.153-181.

Vithessonthi, C. & Tongurai, J. (2014) The spillover effects of unremunerated reserve requirements: evidence from Thailand. *Journal of Banking and Finance*, 45, pp.338-351.

Distinguished Paper Award (AIB Chapter US Midwest Conference, 2017).

Emerald Literati Network 2015 Awards for Excellence (Emerald Group Publishing).

藤岡　芳郎（フジオカ　ヨシロウ）・・・・・・・・・・・・・・・・・・・・・・・・・・・・・・・・・・・・第3章執筆
大阪産業大学経営学部商学科教授。
慶應義塾大学法学部卒，広島大学大学院社会科学研究科博士（マネジメント）。
明治大学商学部非常勤講師，広島大学マネジメント研究センター特任教授などを経て現職。
［主要業績］
『ケースブック価値共創とマーケティング論』（共著）同文舘出版，2016年。
『ベーシック流通論』（共著）同文舘出版，2015年。
『価値共創とマーケティング論』（共著）同文舘出版，2015年。
『顧客起点のマーケティング・システム』（共著）同文舘出版，2010年。
『サービス・ドミナント・ロジック―マーケティング研究への新たな視座』（共著）同文舘出版，2010年。
「ASEAN市場における価値共創型マーケティング戦略の一考察～サービスのロジックの視点から」（単著）『アジア市場経済学会年報』第19号，2016年。
「流通国際化における新たなフレームワークの導出に向けた一考察～タイ国市場調査をもとに」（単著）『大阪産業大学経営論集』第16/第2・3合併号，2015年。

小川　達大（オガワ　タツヒロ）………………………………第4章執筆
株式会社コーポレイトディレクション（CDI）プリンシパル。
東京大学法学部卒。CDI-Singapore Director，CDI-Vietnam General Director
を兼任。
日本と東南アジアをフィールドに活動する経営コンサルタント。消費財メーカー，産業材メーカー，IT業，サービス業など様々な業種に対して，ASEAN域内戦略立案・実行支援，現地企業とのパートナリング（M&A，JV等）支援，グローバルマネジメント構築支援などの経験を有する。日本企業だけでなく，東南アジア企業の支援にも取り組んでいる。
［主要業績］
『日本企業のタイ＋ワン戦略』（共著）同友館，2015年。

関　智宏（セキ　トモヒロ）…………………………………………第5章執筆
同志社大学商学部教授。同志社大学中小企業マネジメント研究センター長。
神戸商科大学大学院経営学研究科博士後期課程単位取得退学。阪南大学経営情報学部教授，同志社大学商学部准教授を経て，現職。博士（経営学）。専門は，中小企業論，中小企業経営論。
［主要業績］
『現代中小企業の発展プロセス―サプライヤー関係・下請制・企業連携』ミネ
　　ルヴァ書房，2011年（財団法人商工総合研究所中小企業研究奨励賞準賞）。
『タイビジネスと日本企業』（共編著）同友館，2012年。
『21世紀中小企業のネットワーク組織―ケース・スタディからみるネットワークの多様性』（共編著）同友館，2017年。
Nakayama, T., Seki, T. and Onishi, J. (2015) A Study on Thai Employees' Job
　　Satisfaction with regards to Japanese Companies Based in Thailand. *Pro-
　　Ceedings of 49th The IIER International Confernce*, pp.1-5.

藤岡　資正（フジオカ　タカマサ）……………………………………第6章執筆
編著者紹介を参照。

【編著者紹介】

藤岡　資正（フジオカ　タカマサ）‥‥執筆担当：はじめに，第6章，おわりに
明治大学大学院グローバルビジネス研究科准教授。
英国オックスフォード大学大学院経営研究科修士課程修了（MSc in Management Research），同校より経営哲学博士（DPhil in Management Studies）。
ノースウェスタン大学ケロッグ経営大学院客員研究員，チュラロンコン大学サシン経営大学院エグゼクティブディレクター・MBAプログラム専攻長，名古屋商科大学ビジネススクール教授などを経て現職。現在は，チュラロンコン大学サシン経営大学院日本センター所長，名古屋商科大学大学院客員教授，早稲田ビジネススクール客員准教授，株式会社コーポレイトディレクション（CDI）顧問などを兼任。専門は国際経営論，経営戦略論，マネジメント・コントロール論。

［主要業績］
『日本企業のタイ＋ワン戦略』（編著）同友館，2015年。

A Review on Strategic Management Accounting Literature: Reaffirming Potential of Studying Management Accounting in Which it Operates. *NUCB Journal of Economics and Information Science*, Vol.62 (March), pp.1-18.（単著2018）

Thailand-Plus-One strategy: Practices of Japanese firms in the Greater Mekong Subregion. *FIIB (Fortune Institute of International Business) Business Review*, 6(4), 3-9 (J. Tongurai & T. Fujioka 2018).

Identifying the Missing Links: Enhancing Regional Connectivity of Mekong Countries amidst Demographic Transition. *Sasin Journal of Management*, 20(1): pp.100-117 (K. Wongboonsin, T. Fujioka, S. Srivannaboon and P. Phiromswad 2016).

2018年6月30日　第1刷発行

新興国市場と日本企業

Ⓒ 編著者　藤　岡　資　正

発行者　脇　坂　康　弘

発行所　株式
会社 同友館

☎ 113-0033 東京都文京区本郷 3-38-1
TEL.03（3813）3966
FAX.03（3818）2774
https://www.doyukan.co.jp/

落丁・乱丁本はお取り替えいたします。
ISBN 978-4-496-05367-2

三美印刷／松村製本所
Printed in Japan

本書の内容を無断で複写・複製（コピー），引用することは，
特定の場合を除き，著作者・出版者の権利侵害となります。